JN081837

人生はDIY

自分らしく暮らすための
インテリアのコツと
DIYレシピ38

賃貸DIYer
なつこ

ワニブックス

はじめに

はじめまして、こんにちは！

私は、Ｉｎｓｔａｇｒａｍで「賃貸でも、子どもがいても、ママが自分らしくラクに暮らせるアイデア」を発信している賃貸ＤＩＹｅｒ（ＤＩＹをする人）のなつこです。なぜ私がＤＩＹｅｒになったのか。それは、私の置かれた環境と性格にあるのです。

数年前まで私は、30平米（リビング6畳＋寝室5畳）の極小マンションで暮らしていました。既製品の収納グッズと家のサイズ感が合わない、なんてことザラだと思いますが、狭すぎる家に住んでいた私は、数センチのデッドスペースさえ許せませんでした！この限られた空間を１ミリも無駄にしないためにはどうしたらいい？　気がついたら自分でＤＩＹをしていました！　自分で作れ

ば、家の一角にピッタリ寸法の収納や、空間を視覚的に広く見せるデザインを、オリジナルでクリエイトすることができるからです。

もう一つ、私がＤＩＹをする大きな原動力は、私が世界一怠け者でめんどくさがり、ズボラだから……です。たとえば電池を取り出すのに、「棚の上のかごの中から電池ボックスを取り出し、ふたを開けて電池を出し、ふたを閉めて元の場所に戻す」なんて、超めんどくさくて無理（笑）でも、１００均の引き出しをよく使う場所に取り付ければワンアクションで終了！　ＤＩＹで怠ける時間も作っています。

ＤＩＹは〝Ｄｏ　Ｉｔ　Ｙｏｕｒｓｅｌｆ〟＝〝自分自身でやる〟こと。そう思えば、人生って、全部ＤＩＹなんです。

自分らしく、生きやすく、より快適に、とＤＩＹをすることは、人生を自分自身で切り拓いていくこととおんなじ。

限られた環境で、仕事や子育て、自分育てをがんばるすべての人たちに、ＤＩＹで少しでもラクになってほしい、毎日ご機嫌に人生を楽しんでほしい、という思いとアイデアを、この本に詰め込みました。ゴロリとしながら、楽しんでいただければうれしいです！

人生と賃貸戸建てをDIYする

私たち3人の家族が住んでいる家をご紹介します。1階は20帖のLDKを中心に生活の中心となるスペース、2階は5〜6帖のフローリングの部屋が4つあります。人生をもっと楽しく自分好みにするために、各部屋にたくさんのDIYを設えました。

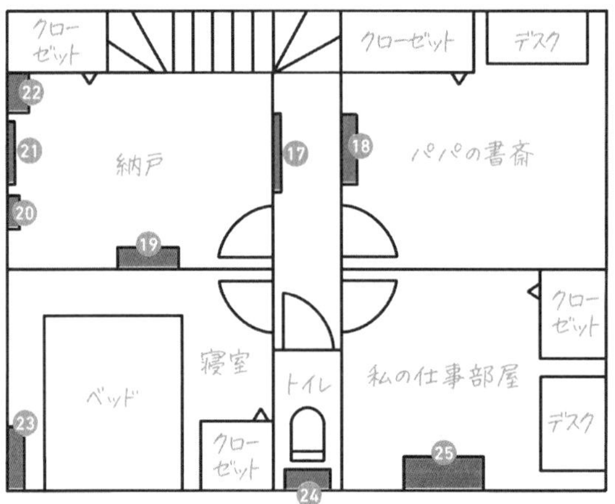

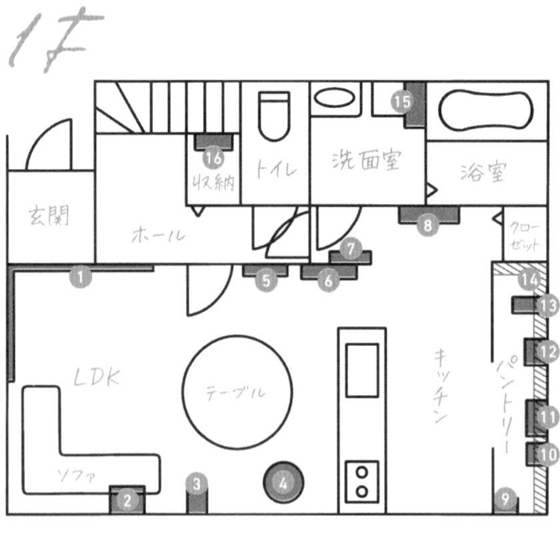

- ❶ ケーブル隠し　P.83
- ❷ キャスター収納　P.85
- ❸ 充電コーナー　P.84
- ❹ プランタースタンド　P.74
- ❺ お支度ボード　P.120
- ❻ 絵本ラック　P.68
- ❼ 通園バッグ収納　P.58
- ❽ トミカ収納　P.72
  運べる収納　P.121
- ❾ 壁掛け掃除機　P.86
- ❿ ラップ収納　P.61
- ⓫ ゴミ袋収納　P.57
- ⓬ キッチンワゴン　P.104
- ⓭ 引き出し収納　P.60
- ⓮ パントリー収納　P.98
- ⓯ 洗面室収納　P.100
- ⓰ ビスいらずの枕棚　P.90
- ⓱ 姿見隠し　P.63
- ⓲ 書斎収納　P.96
- ⓳ 段ボール収納　P.76
- ⓴ ピタゴラボード　P.118
- ㉑ お絵かき黒板　P.117
- ㉒ 段ボールの鍵　P.123
- ㉓ ベッドサイドチェスト　P.66
- ㉔ DIYに見えない棚収納　P.92
- ㉕ ピアノ台　P.106
  譜面収納　P.110

Contents

2章

ハードル低くても完成度は高い 100均から始めるDIY

3章

どんな家でもより快適に収納を増やすDIY

4章

ごちゃごちゃ回避 子どもと暮らすＤＩＹ

1章

古くてダサい家でも垢抜ける11の方法

01

真っ白い壁を分断する
窓枠を隠し
ありきたりな賃貸が
“マイホーム”に…

Natsuko's point

動画は
ココ

イイことずくめの、ハニカムシェード

ココを押すだけ、突っ張れる！

突っ張り棒を設置し、シェードをパコッとはめこむだけ。工具不要、10分でできるよ。原状回復も簡単！

黒の窓枠の存在感がわが家には重たくて、窓枠が隠せるハニカムシェードを使っています。カーテンのような隙間がないので、夏は断熱、冬は保温効果が。サイズオーダー式なので、窓のサイズにピッタリ合うし、デザイン性もよくて、マジいいことずくめ！　抜け感があり、部屋が広く感じられます。

おすすめ商品は…

商品名

調光ハニカム ブライトホワイト シェード

SHOP DATA

TUISS DÉCOR

お洒落なのに光熱費対策まで

02

ヴィンテージの古い家具を置いて部屋の印象をぐっと変える。

Natsuko's point

出会いを求めて、とにかく検索！

左の棚は「haluta」で、上は目黒の店舗「FILM Vintage&Repair」で購入しました。

北欧ヴィンテージや、ミッドセンチュリー（1940〜60年代）にデザインされた英国家具が好き。家具を買うときは、フリマサイトで検索したり、ヴィンテージ家具を扱っているオンラインショップをチェックしたりします。毎日毎秒、視界に入り続ける家具だからこそ、一生モノのアガるアイテムを！

ただ置くだけで
垢抜ける

脚付きの2つのサイドボードは「Ihallande」、ソファ脇のチェストは「Rocca 楽天市場店」で購入。どちらもオンラインショップが充実しています。

03

壁紙、タイル、パネル…壁を変えれば、映画に出てくるような部屋になる。

Natsuko's point

詳細はココ

貼るのも剥がすのも簡単

貼りやすく剥がしやすいシール式

貼りつけたあとは、定規で空気を抜いて、はみ出しをカッターで切るだけ。

実際に貼れるサンプル壁紙(¥100〜)のお取り寄せも可。

難しそう、大変そうなイメージがあった壁紙貼りですが、いざ挑戦してみると、あまりに簡単で拍子抜けしたシール壁紙です。女子でも両腕が届くシート幅(42cm／84cm)なので、小柄(151cm)な私でも1人で貼れちゃう！　部屋の一面を変更するのに、小一時間で完成。柄や色のバリエーションが豊富なので、選ぶのも楽しい〜。

おすすめ商品は…

商品名

失敗しないシール壁紙グリーン〔GRN-013/Herb〕

SHOP DATA

KABElab

賃貸感ゼロの はがせる壁紙

まさか"貼るだけ"の本物タイル

シールで貼れる本格派

通常なら、モルタルを塗ったり乾かしたりと、丸二日はかかるタイル貼りが、シールを剥がして貼るだけなので、施工はわずか数時間。"タイル風"ではない、本物のタイルなので、仕上がりが段違いにお洒落です！

動画はココ

Before

After

フルサイズとハーフサイズがあるので、ずらして貼って

タイルの裏には強力な粘着テープが。後々剥がす場合は、先に養生テープを壁に貼り、その上から貼ろう。

おすすめ商品は…

商品名

ランス がっちりシールタイプ 白目地 63番色

SHOP DATA

セラコア

自然素材の超軽量タイル

ブロック式ではめるだけ

自動車部品製造会社が、麻やコーンなどから創った、バイオプラスチックの天然タイル。環境にも人にもやさしい素材で、施工も簡単。子どもと一緒にできちゃいます。もちろん原状回復もOK！　ブロックの一つひとつに表情があり、どこか高級感があるのも魅力。

動画はココ

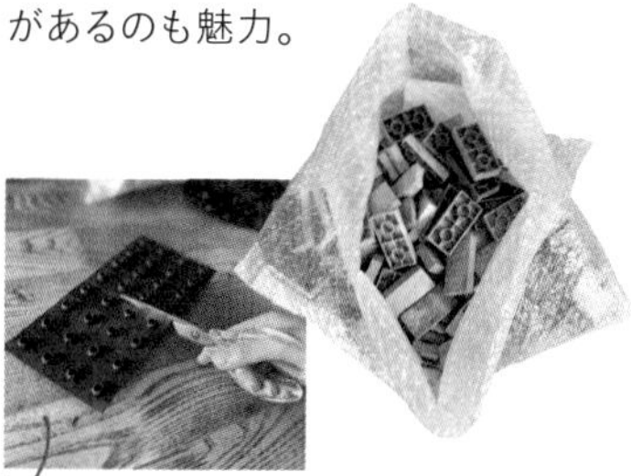

ブロックは厚み8mm/ 16mmがそれぞれS・M・Lサイズあり、大小さまざま。土台となる付属の黒のシートを壁のサイズに切ってスタンバイ。

シートに剥がせるスプレーのりを吹きかけ…

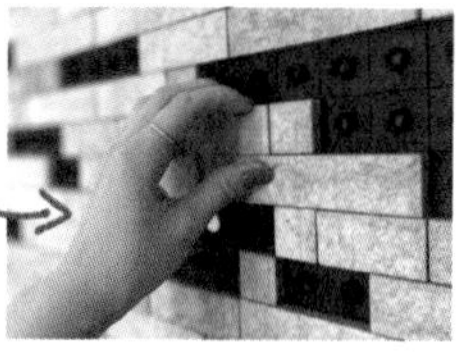

シートを壁に貼って、ブロックをはめるだけ。

おすすめ商品は…

商品名

超軽量DIY壁タイルLETILE（レティル）　麻MIXタイプ

SHOP DATA

プラセス

お洒落パネルで騒音対策

傷つけずに騒音カット

賃貸なら避けて通れない騒音問題。ずっと気になっていた"吸音"パネルを試してみました。お試しなのでまずはキッチン前の壁に貼ってみましたが、隣室との間の壁一面に貼った場合、24.2%の音を軽減するのだとか。完成品を貼るだけで、こんな素敵なルーバー状に!

動画はココ

壁のサイズに合わせて、のこぎりでカット。

桐材なので軽くて扱いやすい!

1枚あたり3〜5本のピンで止めるだけ。

ピンは付属していないので、専用ピンもしくは代わりになる虫ピンなどが必要。

Before

After

おすすめ商品は…

商品名

スタイルダート 吸音ウォールパネル「sotto」

SHOP DATA

友安製作所

Column 1

DIYを始めた理由

DNAか、節約魂か!?

私が初めてDIYらしきものをしたのは、小学生のときのこと。

実家の電気スイッチにリメイクシートを貼り、"無機質でダサいスイッチ"をちょっとかわいくしたのが始まりです。

一緒に暮らしていた祖父がDIYが好きな人で、暇さえあれば椅子や引き出し、庭のベンチなどを作っていたのを目にして育ったため、「ほしいものは作る」というのが当たり前だった背景もあるのかもしれない。

そのため、結婚前に夫と同棲していた東京の部屋がとても狭くて、ここに棚を置きたい！　けどお金もないしピッタリサイズが見つからない……というときに、思いつきで収納棚を作ることに。

2017年、洗面室にタイル貼り。楽しかった〜。

タラオが生まれたばかりのころのわが家。ブラウンの収納棚をDIY!

100円ショップのすのこで、シューズラックを作ったりもしました。

そういうのが楽しかったし、当時は本当にお金がなかったから、"節約"の観点からDIYにのめりこむことに。

その後結婚をして、一人息子のタラオが生まれて実家近くの地域に3人で暮らすようになりました。育休中の2020年9月、「賃貸でもDIYで自分らしく暮らすこと」をテーマにInstagramのアカウントを開設。今でもその地域に住んでいて、そのときも今も、変わらぬ思いで投稿を続けています！

そういえば、最近になってようやく納得のいくスイッチカバーを見つけたんだけど、(p.44-45)、思えば私と"ダサいスイッチ"の戦いは、20年以上の歳月がかかっていたなんて…！

04

床を変えれば 気分も変わる…！ 賃貸でもできる フロアチェンジ。

動画はココ

Natsuko's point

道具不要、もっとも簡単なDIY！

半端な部分や部屋の凸凹した部分はカッターで切り取って。

気になるものがあればサンプルを取り寄せよう

私の仕事部屋に敷いたこのコンクリートタイルは、特別な工具不要で、なんと置くだけ！ 裏面に滑り止め加工がついているので、タイルとタイルの間も、ゴミが入る隙がないくらいピタッとなじみます。マットな質感もお気に入りのポイント。マジでかわえぇぇぇ〜。一新するとガラリと部屋の雰囲気が変わるので、賃貸でも持ち家でも、気軽に挑戦してみて！

おすすめ商品は…

商品名
置くだけフロアタイル　モルタルコンクリート柄　コンクリート312

SHOP DATA
インテリアショップ　お部屋の大将

置くだけ
コンクリートで垢抜け

05

床面積を多く見せてリビングに抜け感。家具、収納をとにかく浮かす。

Natsuko's point

賃貸でもできる、浮かせる収納

床にものを置くとダサ見え＆部屋が狭く感じるので、わが家では大きい家具は極力脚付きのものを選び、できるだけ床を多く見せています。存在感のあるテレビや、既製品では直置きするしかないピアノ、子どものおもちゃ収納などもDIYで浮かせてしまえ！　掃除がしやすいので、家事もラクラク。

DIYのやり方は…p.72

DIYのやり方は…p.106

動画はココ

浮かせて快適、広くて開放感

今わが家でテレビを浮かせているのは、クラウドファンディングで商品化支援を募集していた「WALL TV UNIT」(TAKE IT DESIGN STUDIO)という商品です。※現在は募集を終了しています

引っ越す前のわが家で施工していた、テレビ壁掛けDIYです(Instagramに作り方、動画を投稿しているので、興味のある方はp.26のQRコードからご覧ください)。

06

部屋の主役にもなる照明は形や配置にこだわる。

Natsuko's point

5つのライトがいろいろな方向を照らせるところが好き。IKEAで購入。

見るのも点けるのも、大好き

どちらのライトもデンマークのヴィンテージ家具です。目黒の「FILM Vintage & Repair」で購入。

もし今シーリングライト1灯だけ使っているなら、「デザイン性のある照明に変える」「照明を複数置く」だけで部屋が見違えるかも。わが家には、壁や天井、床に光を照らす間接照明がたくさんあります。壁のアートを照らしたり、部屋を美術館のように演出したり……。夜はその光が癒やしにもなるし、昼はその存在がアートにも。

お洒落は照明から始まる…

ユニークな形がお洒落なテーブルランプ。右はFLOSのランプで、左のフラワーベースは「ACTUS」で購入しました。

ダイニングのペンダントライト「GUBI セミペンダント」の電球はミラー電球（電球の上半分を鏡のようにミラー加工したもの）に変えています。ウッド素材の家具に囲まれ、部屋の雰囲気がほっこりしすぎないように、ちょっとピリッとしたアイテムで引き締め効果。

07

アートや写真、花を飾り、人生に潤いと彩りを。

Natsuko's point

今日は、明日は何を飾る？

赤ちゃんが生まれたときの等身大のイラストに、「出生日時・身長・体重・名前」が記録されています。「Remember Me Poster」で注文しました。

壁や床、家具などの大きなものをすぐには変えられないなら、部屋の中の小物を見直してみるのはどうでしょう？ アートはハードルが高いと思われがちですが、プチプラなポスターなどからスタートしてみて。子どもがいると、どうしても生活感あふれる部屋になりがちだけど、自分が心地の良い空間を1つでも作っておくと、ご機嫌でいられる時間が増えるかも！？

観葉植物のグリーンに合わせて「Ihallande」で購入。

富士山と鳥が描かれたスウェーデンのポスター。「北欧雑貨と音楽　HAFEN」で購入。

いつ見ても心が動くアートのある暮らし

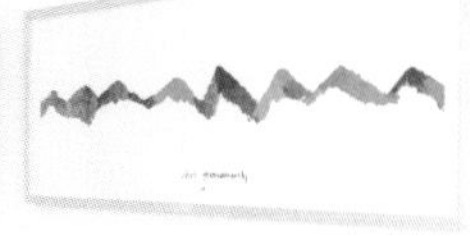

グリーンのアートは「IDEE SHOP」で、奥は「Ihallande」、下の写真は「nest 北欧モダンなインテリア雑貨 楽天市場店」で購入。

「ONLINE PARCO」で購入した山瀬まゆみさんのポスター。山瀬さんの作品は「IDEE SHOP」にもたくさんあります。

写真を飾る

記念写真や子どもの写真も、フレームの配置を意識して組み合わせれば、簡単にお洒落に飾れちゃう！　フレーム自体は100均で十分なので、いろいろ組み合わせて、お気に入りの形を見つけて。

写真を飾るPOINT

1 縦の軸に沿う

2 横の軸に沿う

3 枠を意識する

お洒落なアートに変身！

形の決まった絵を描くよりも、自由に描きたい息子画伯4歳の描いた絵を額装して飾ってみることに。すると……え？ めっちゃお洒落やん？ わが子の絵は、どんなアーティストさんの絵よりも特別なアートです。

子どもが描いた絵をフレームに入れて….

パステルカラーの絵の具は、重ねて塗っても濃くなりすぎないのでおすすめ。クレヨンと組み合わせると、やわらかな印象に。

ファーストインパクトを大切に

玄関は、お客様がドアを開けて初めに目につくところなので、お気に入りのオブジェやアートでおめかし。ちなみにこの絵は息子が描いたもの。壁に直接掛けられる収納ボックスが便利。

玄関を飾る

おすすめ商品は…

商品名

角が丸い設置簡単壁掛けボックス
"WALL FREE"

SHOP DATA

ベルメゾン

詳細はココ

ドライフラワーを飾る

さりげなく、大人っぽく

主張しすぎず、くすみカラーがかわいいドライフラワーは、どんなインテリアにもなじんで、部屋がお洒落に垢抜けます！　花瓶に挿しても、棚に置くだけでも◎。

生きた花で部屋が華やぐ

生花で季節を感じる

花の鮮やかな色合いや葉のグリーンが、部屋を瑞々しく明るい雰囲気にしてくれます。壁に掛けるフラワーベースは場所を取らないし、子どもがいたずらしないので超おすすめ。子どもが道で拾ってきた草花もササッと飾れます！

08

観葉植物を置いて空間と自分の"機嫌"をブラッシュアップ。

部屋も気持ちも明るくなる

Natsuko's point

観葉植物を複数置くときのPOINT

1. 葉っぱの形が違うものを選ぶ
2. 葉っぱに柄があるものを選ぶ
3. 高さを変えて置く
4. 狭いなら、吊るす
5. デカイ木を1本置く

水やりは、こまめにあげるよりも、土がしっかり乾き切ってから一気にあげるほうがいいみたい。緩急のある水やりがベターだとか。

植物があるだけで気分が明るくなり、葉っぱのグリーンに光が当たっているのを見ると幸せな気分になる私。今の部屋では、どんな植物をどのくらい買うかを事前にリサーチしつつ、お店の方と相談しながら決めました。観察は怠らず、でもあまり手間はかからない可愛子ちゃんたちです。たくさん置くので狭くなるかもと覚悟していましたが、家具と違って抜け感があるので、なんなら開放感すらある!?

おすすめのSHOPは…

SHOP DATA
Green Gallery Gardens

GREENは
自然界のアート

09

部屋のテーマカラーを決め、大物アイテムは色味をおさえる。

Natsuko's point

たくさんのインテリアを色で統一

観葉植物やオブジェ、アートなど、全体的にグリーン×くすみパープル（ピンク）の色合いでまとめました。

暮らしていると、ものが増えていくのが世の常ですが、色味を統一すると、部屋にも統一感が出てイイ感じに。たくさんの色が不規則に配置されたかわいいラグも、大物家具のソファがシンプルかつナチュラルな色合いだからこそ、その賑やかさを引き立ててくれます。また、ラグの中にあるグリーンをクッション、アートなどのアイテムに活かすと、全体の雰囲気になじんで一体感が生まれます！

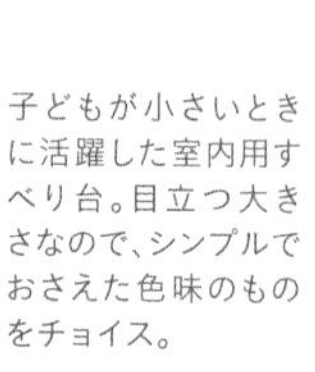

子どもが小さいときに活躍した室内用すべり台。目立つ大きさなので、シンプルでおさえた色味のものをチョイス。

“色”をテーマに部屋をまとめる

10

統一感よりも個性×個性…あえて種類の違うかごを並べる。

Natsuko's point

乱雑に置いてもかわいい!

手の届きやすい位置に使用頻度の高いものを置いています。取り出しやすいように、基本はふたなしで(お菓子は隠すためにあえてふた付き)。かごは、「タケカンムリ」や「mikke」「GEORGE'S」「ニトリ」、楽天などでも探しました。

キッチンの背面に細長く設けられたバックヤード。初めは使いにくそう〜…と思ったこのスペースに棚をDIYしたら(p.98-99)、とっても使いやすくて収納力抜群のパントリーが誕生!目立つ場所なので、シンプルで統一感のあるケースを整列させたくなるけれど、ここはあえて、形も素材も異なるかごを不規則に並べて飾ってみると……。まるでお洒落なカフェみたい。毎日目につき、触れるものだから、確実にアガるものを置きたい!

DIYで叶える
ディスプレイ収納

11

あるはずのものを消せば生活感が消える。

Natsuko's point

電気スイッチが"お洒落"に!?

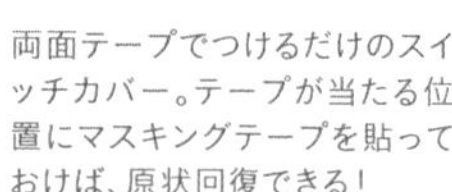

両面テープでつけるだけのスイッチカバー。テープが当たる位置にマスキングテープを貼っておけば、原状回復できる!

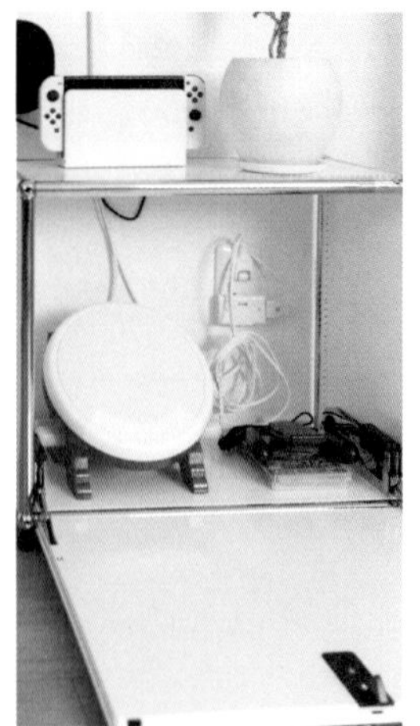

ゲーム機のコードを隠したのは、「ACTUS」の実店舗でオーダーしたサイドボード「USMハラー」。

"何の変哲もない部屋を、DIYや家具によっていかに垢抜けさせるか"がマイテーマの私。なかなか解決できなかった『スイッチださい問題』に終止符を打ったのが、この美しい真鍮のスイッチカバー。貼るだけ、お洒落でDIY感ゼロ! 使い心地も最高です。それと、コードたくさんのゲーム機やその付属品をどう収納するかも悩みあるある。今回は、背板を抜いたサイドボードでコードを隠しつつ、デザイン性をプラスしました。

おすすめ商品は…

商品名

貼るだけスイッチ　真鍮　プッシュタイプ　2口

SHOP DATA

bowlpond

レベチに垢抜ける
貼るだけスイッチ

＼ まずはこれだけ！ ／

初心者・超必須の道具

最初にこれだけは用意したい、基本の道具をご紹介します。

えんぴつ・養生テープ

壁や木材などに印をつけるときに便利。養生テープは、傷つけたくないところを保護するのにも使えます。

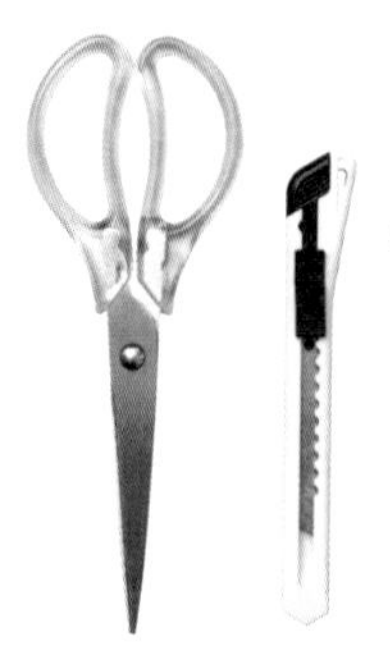

はさみ・カッター

紙やクロス、段ボールを切るのに使います。針金や金属板などを切るなら、専用のものか万能はさみがおすすめ。

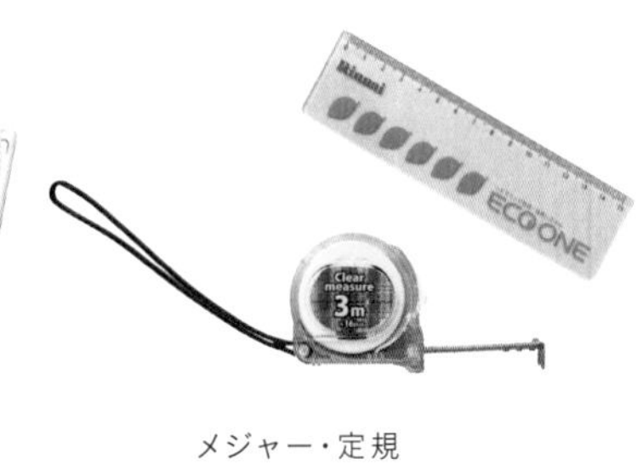

メジャー・定規

材料や必要箇所の寸法を測るのに必須。定規はなでつけるようにして使えば壁紙クロスを貼るときにも重宝します。

ボンド・接着剤

ネジやビスを打つ前の仮止めや、強度を必要としないところに最適。木工用、プラスチック用と使い分けて。

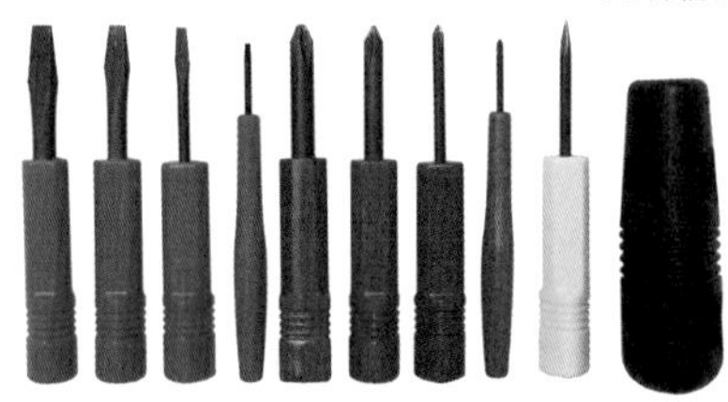

ドライバー・キリ

ネジを回して締め付けるのがドライバー、ネジやクギ打ちの前に下穴を開けるのがキリ。薄い板にネジを打つ場合や、重量のないものを掛けるフックを設置する場合などは、手動のドライバーでも十分。

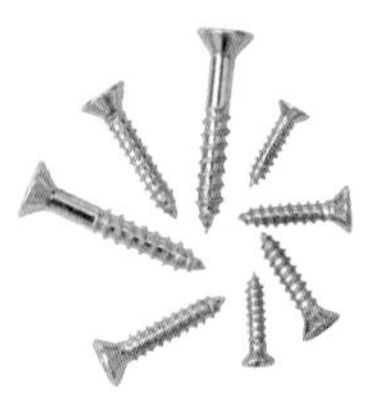

ネジ・ビス

部品同士を接続し固定する道具。木工用のネジを木ネジと呼びます。さまざまなサイズがありますが、材料の厚さの半分より長い程度、貫通しない長さのものを選びましょう。

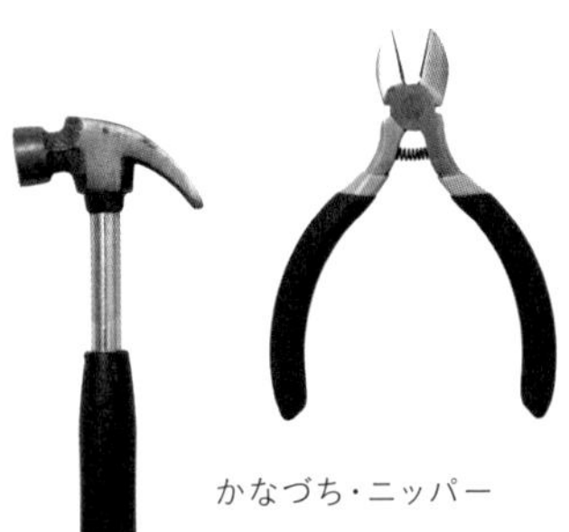

かなづち・ニッパー

かなづちはクギやピンを打ったり抜いたり、ブロックやタイルなどを割るときに使います。私は、石膏ボード用のピンを抜くときはニッパーを愛用しています。

＼初心者でも DIY好きでも／

おすすめ100均アイテム

使える度100点満点！　100円均一ショップ2社で買える道具・材料を集めました。

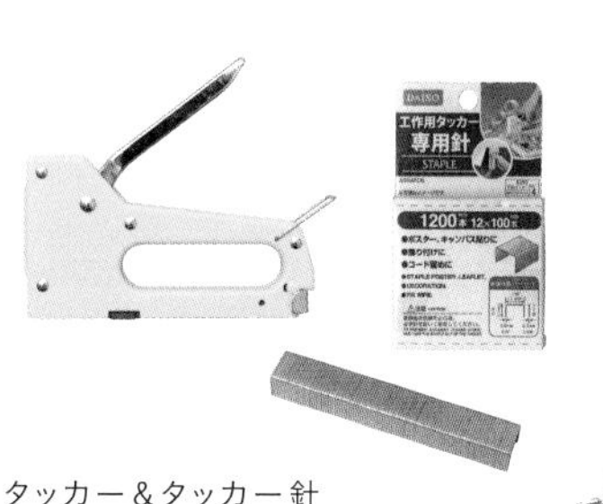

タッカー＆タッカー針

ホチキスのような専用の針で、木材同士を固定したり仮止めするのに使います。

商品名
工作用タッカー／¥330

水平器

設置したい棚の上などに置き、液体の傾き具合で水平な位置を測る道具。
※写真は私物ですが、同様に使える「水平器 16cm」を販売中。

木材

幅120mm×長さ400mm×厚さ90mmの板材や、いろいろな長さの角棒・丸棒、三辺が60mmの立方体などなど。豊富なサイズ・形の木材が揃っています。

ダイソー
DAISO

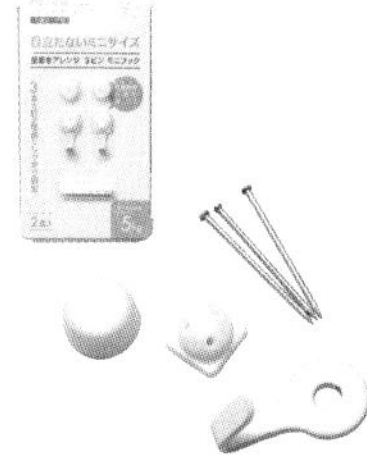

石膏ボード用ピンフック

細いピンを使って、壁にフックをかけられる商品。目立たない＆修復可能なピン穴が特徴で、賃貸の壁に使用するのに最適（使い方はp.57）。

商品名
壁面をアレンジ3ピンミニタイプ白　2P

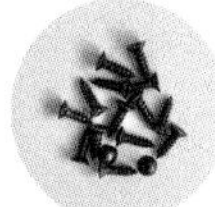

木ネジ

側面にらせん状の切り込みがあり、木材同士を結合する際に使います。木材の厚さや設置する箇所によってサイズを使い分けましょう。木材の厚みの半分を少し超える程度の長さが目安。

商品名
木ネジ40P　ブロンズ

U型ブラケット

壁に簡単に棚が設置できるU字型の棚受け。2つ使って、間に板をわたすだけ。ブラケットそのものをすっぽり隠す棚受けにも使えます（p.64-65）。

商品名
U型ブラケット　16cm

アイアンバー

小物を掛けたり置いたり、S字フックで吊るしたり……。使い方次第でいろいろなものが収納できます。長さ13.8cm、26.2cm、約43cmなどサイズや形が豊富。

セリア
Seria

＼賃貸DIYの強い味方！／

便利な"神"アイテム

大きな穴を開けたくない＆原状回復必須！？　賃貸住みのDIY好きさんにオススメ！

石膏ボード用固定金具

絵や棚などの家具を、石膏ボード専用のホチキスで簡単に壁に取り付けられる金具。写真は1枚あたり最大静止荷重12kgの白セット。他に最大静止荷重6kg、18kg、24kgがあります。

商品名
壁美人 石膏ボード用固定金具 P-8 金具セット白（2枚）静止荷重12kg 用×2 枚入／¥1,690／若林製作所

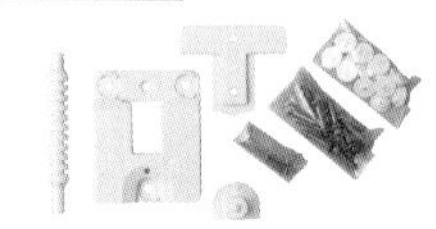

STAND BAR

付属のピンで石膏ボード壁に木材を取り付けられる商品。写真は1500mm以下の柱なら2本（耐荷重50kg）立てられる4セット入りのパック。他に6本セットや、奥行きの短いもの・長いものに対応したセットも。

商品名
STANDBAR4／¥1,100／アイワ金属

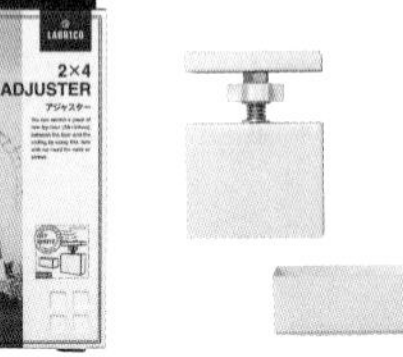

2×4アジャスター

2×4材という規格の角材の上下にはめ、工具不要で天井と床に突っ張り固定する商品。他に1×4材アジャスターもあり、サイズ展開が豊富。ブラックもあります。

商品名
LABRICO 2×4アジャスター／公式オンライン価格¥1,496／平安伸銅工業

室内補修用かべパテ

室内のクロスや壁にできた小さな穴、すき間、割れなどが補修できるパテ。伸びがよく、作業しやすい水性タイプ。

商品名
室内補修用かべパテ 25g／¥110（オープン価格）／サンノート

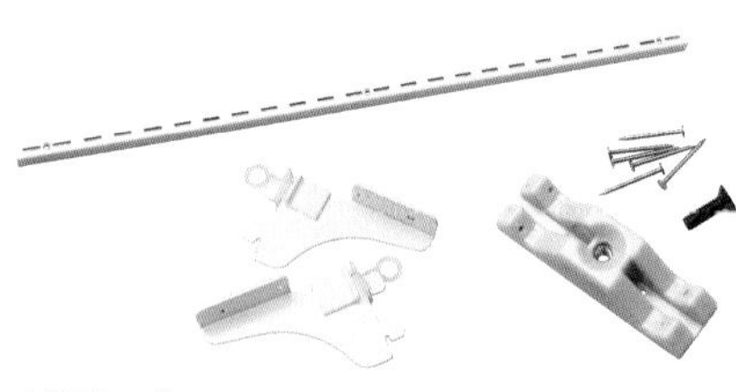

ピラシェル

木ネジが効く壁面に棚柱を取り付け、棚受けをはめることで棚収納が作れる商品。石膏ボード壁に棚柱を取り付ける場合は、専用のピン止め金具をセットにして使います。

商品名
【WPS014】ピラシェル棚柱　白　600mm／¥671
【WPS017】1×4ピラシェル棚受　1枚用　白　右用、【WPS018】1×4ピラシェル棚受　1枚用　白　左用／各々¥473
【WPS48】ピラシェル専用　ピン止め金具　黒用／¥1,760／すべて和気産業

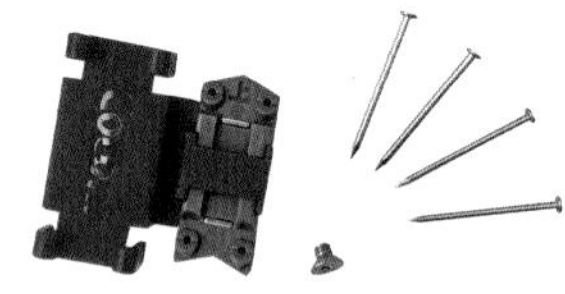

石膏ボード用棚柱固定パーツ

石膏ボード壁に棚を設置するための柱（棚柱）を簡単に設置できる商品。

商品名
ピン固定パーツ 品番：CC-911　1袋6個入り／¥814／サヌキ

＼あると広がる！　進化する！／

ステップアップの工具

木材を自分で切ったり、大型の家具を作りたいときに必要なものは？

サンディングペーパー

細かい研磨材を紙に塗布したヤスリ。木材の切り口を研磨したり、金属やプラスチックの研磨などに使えます。

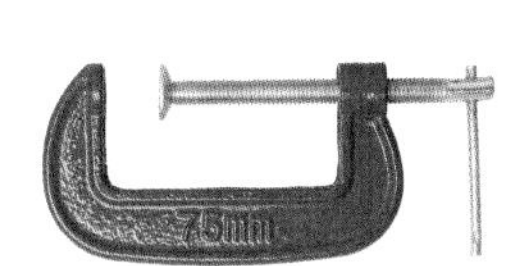

C型クランプ

作業しやすくするため、木材や金属板などを作業台に固定する工具。アゴ部分に材料を挟んでネジなどで締めるだけ。

のこぎり

木材をカットするときにあると便利。刃の先端が左右に飛び出していない"あさりなし"が◎（使い方はp.64）。

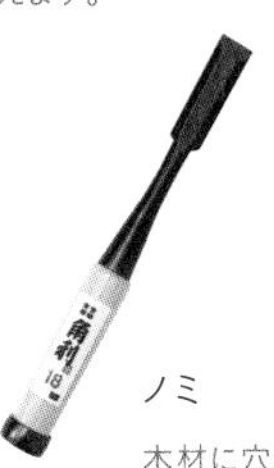

ノミ

木材に穴を開けたり、溝を作ったり、主に細かい作業で活躍する大工道具。きづちやかなづちなどで叩いて使います。

電気ドリル

木材や金属の穴開けに使います。祖父から譲り受けた年代もののドリル。

初心者におすすめ

電動ドライバー

回転の力でネジ締めや緩め作業ができる電動工具。手動よりも手が痛くならず短時間でできます。おすすめはBOSCHの「コードレスドライバーIX07」です。

中級者以上に

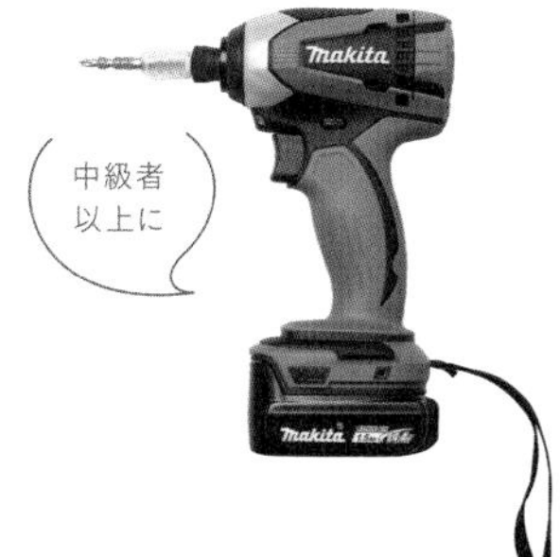

インパクトドライバー

電動ドライバーの回転の力に強い打撃を加えることで、より強力に締め付けられる電動工具。長いネジなどを締めるのに最適。私の愛用はマキタの「TD134DSHX充電式インパクトドライバ」。

ホールソー

電動ドリルに取り付け、ベニヤ・コンパネ・木板へ7サイズの穴あけができる先端工具。私の愛用は藤原産業の「SK11木工用7枚刃ホールソー20mm」。

DO IT YOURSELF!

空間を無駄にしない DIY術

1 何をどう収納したいのか、イメージをする

まず何に困っていて、何を解決するために、何を作るのかを明確にすること。それから出来上がりの姿・大きさなどを想像してみよう。

2 寸法をしっかり測る

大物を作るときは、作品を配置したい箇所や、材料の寸法をメジャーなどで測り、間違えないようにメモをします。苦手だけど……。これをしっかり行うことで、出来栄えと満足度に差が出るよ。

3 無駄なく収納できる設計にする

たとえば高さ148㎜の文庫本を収納するなら、1つの棚の高さは250㎜より200㎜のほうが無駄な隙間を生みません！ でも、160㎜だと入れづらい……。寸法をもとに計算をしてみよう。

4 360度、見え方を考える

飾り棚を設置するとして、一番上を板で覆うか・覆わないかで、部屋の印象が一変！ 覆わなければ抜け感が出るけどホコリが積もりやすい？ 覆えば狭い部屋では圧迫感が出るかも？ あらゆる角度から検証を。

5 穴を恐れない

賃貸でも持ち家でも、大切な家に傷をつけたくない気持ち……わかる！ でも、修復可能な小さな穴と、日々の小さな不便が積み重なること……どちらがラクになるかを考えてみて！

＼＼ 極めるなら必読！ ／／

木材の入手・カットの仕方

DIYをするために必要な木材が100円均一ショップにない場合、ホームセンターやネット通販で購入しましょう。ただしネット通販は、使いたい木材の種類・サイズが明確でないと購入できないため、初心者さんには少し難解。その点、コメリやコーナン、ホームズ、DCMカーマなどのホームセンターは全国に店舗があり、木材を実際に見て選ぶことができるので、購入も比較的簡単です。ここでは、ホームセンターで木材を入手し、カットを依頼する一般的な方法をご紹介します。どのお店でもできるわけではないので、事前にサービスがあるかを確認しましょう。

サービスの内容を確認する

ホームセンターや店舗によって内容が異なります。そこではどのようなことができるのか、確認しましょう。

確認したいこと（例）

・希望の加工ができるか？

木材カット、塗装など

・料金体系はどうなっているか？

1カットいくらか、カット数の制限はあるのか、持ち込みはできるかなど

・依頼の仕方はどのようなものか？

サービス時間帯、申込書やカット依頼表の書き方など

2

木材を購入する

木材には厚さや風合い、強度が異なるいろいろな種類があります。用途や見た目・触り心地の好みで選びましょう。

代表的な木材

・合板

単板（ベニヤ板）を複数枚重ね、接着剤で貼り合わせた板。強度があり比較的安価。

・パイン集成材

木目がかわいい標準的な棚板。軽くてやわらかな板で、縦にも横にも使用できます。

・化粧板

合板などに塗装、化粧紙、樹脂フィルムなどで加工した板。耐水性があるものも。

・1×4材　2×4材

規格の決まったDIY木材の定番。断面の厚さが19mmのものをワンバイ（1×）材、38mmのものをツーバイ（2×）材といい、その中でも代表的な1×4材と2×4材は幅が89mm。これを好みの長さにカットしてもらいます。

カットを依頼する

木材を購入したら、それをどのようにカットしてもらうのかを依頼します。一般的に木材に対して直線でしかカットできず、途中でカットを止めることはできません。効率よく切ってもらえるよう、ミリ単位で正確に示しましょう。

カット依頼表（例）

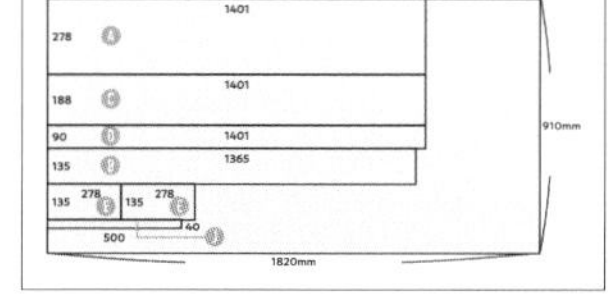

※キッチンワゴン（p.104）、ピアノ台（p.106）、譜面収納（p.110）のカット依頼表をワニブックスのウェブサイトに掲載しています。
必要な方はアクセスしてダウンロードしてください。
http://www.wani.co.jp/diy-cut-order.pdf

Column 2

なつこのいつもの一日

子どもと仕事と、子どもと、趣味

朝起きてから夜眠るまで、毎日のルーティンをお見せします！　毎日必死！　生きてるだけで、みんなエラい！

7:00 起床

ショートスリーパーのタラオと、寝起きサイアクの夫と私……。ほとんどがタラオに起こされ、一日が始まります。

7:10 朝食

とある日のメニューは……タラオはシリアル、フルーツ、ヨーグルト。私はお気に入りのお店のパン。

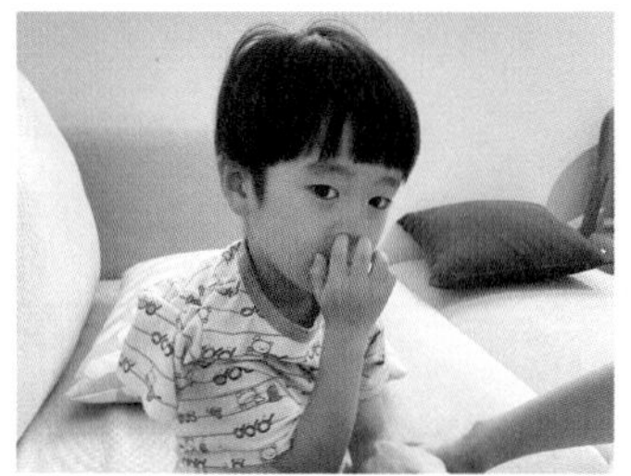

7:30 着替え

グズるタラオをなだめつつ、なんやかんやと園服に着替えさせ……。保育園に行く準備ができたら、タラオ朝のゲームタイムに。

7:45 メイク・洗濯

その間に、自分のメイクや、夜に洗濯乾燥をしておいた洗濯物を畳んだり畳まなかったり（ぐちゃっとそのままの日もあり）。

8:15 登園見送り

通いたてのころは激しい登園拒否で、活きのいい鮮魚を先生にお渡しする毎日……。でも、2年目になってイヤイヤの頻度は激減。比較的穏やかに見送っています。

9:00 仕事開始

ほぼ在宅で、たまに接待や現場、出張などをしています。コーヒーを飲んで、ひと息ついてから業務開始。

17:30 仕事終了

あっという間に時間が過ぎて、気づいたら保育園のお迎えの時間に！　バタバタと出かけます。

18:30 降園・帰宅

帰り時間が同じお友だちと遊びたがったり、グズグズしたりで遅くなることも。怒涛の育児タイム、突入！

19:00 夕食

少食のタラオは食事も早め。作るのが20分、食べるの5分……。サクッと食べて、お片付け。

19:30 お風呂

タラオはお風呂が大嫌い。事前に約束をしていても入りたがらないときは、あの手この手で誘い出します。最終兵器はシャーベット系アイスを持たせてお風呂にGO！

20:00 ゲーム

タラオのゲーム時間。私はゲームに付き合ったり、家の片付けをしたり、スマホを見たりといろいろ。

21:00 寝かしつけ

タラオとおふとんへ。お昼寝の有無で寝かしつけは10分〜1時間ほどで完了。21時半から22時にはフリーダム！

22:00 自由時間

寝落ちしなければInstagramの投稿や編集は、主にこの時間に。推し活もここで〜。

1:00 就寝

夜にやりたいことが多くて、気がつけば2時を過ぎていることも。翌日の仕事に支障が出ない範囲で、フリータイムを満喫。

How to 1

設計図の作り方

DIYのいいところは、置きたい場所に、自由に欲しいものを作れること。自由だからこそ、具体的な形を思い描くことがとても大切です。

「これだけのスペースにここまでのサイズのものを作りたい」などの制約がある場合や、複雑な仕組みをしていたりする場合、またはホームセンターで木材をたくさんカットしてもらう場合などは、"設計図"があると準備も作業もラクラク。ここにこんなのがほしいな〜と思ったら、設計図を書くことから始めてみましょ。私流の書き方をご紹介します！

1　完成イメージ図を描く

まずは寸法なしでOK！　思いついた形をそのまま図にしてね。

フリーハンドで書くこともあるけど定規を使うとキレイ。

2　寸法を測る

次に、置きたい場所の寸法を測りながら、イメージ図のどの部分が何センチあればいいかを書き込んでいくよ。

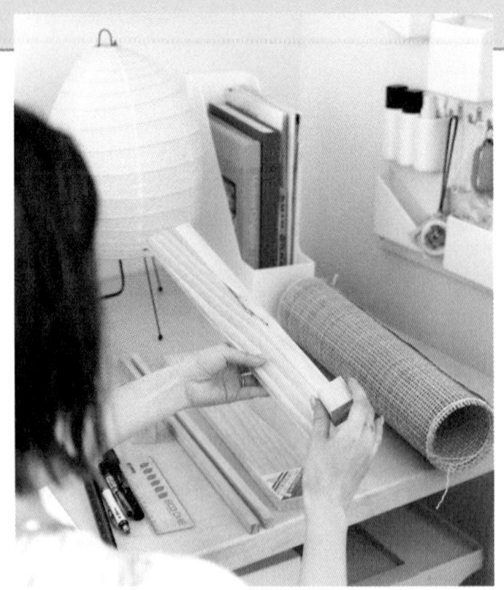

仕事部屋で構想を練ることが多い。

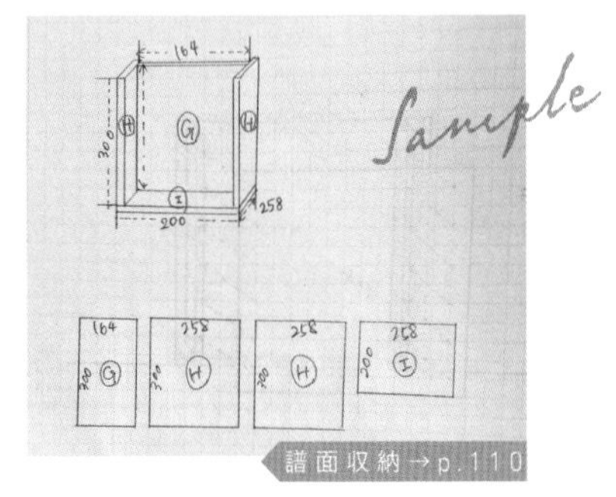

譜面収納→p.110

3　板のサイズを割り出す

イメージ図をパーツごとに分解し、板の絵を描いていこう。板それぞれに寸法を記入し、パーツにA,B,C……などの名前をつけて。

ここまでできたら、材料集めにGO！

ホームセンターで木材をカットしてもらう場合は、「A,B,C…」などの名前と寸法をメモしたカット依頼表(p.51)を渡すと、だいたいわかるようにして木材を渡してくれるので、その後の作業がやりやすいよ。

2章

ハードル低くても 完成度は高い 100均から始めるDIY

コスパ最強！すぐに揃ってすぐにできるDIY

私が初めてDIYらしきDIY（日曜大工ならぬアマチュアの木工作業）をやったのは、夫と2人暮らしをしていた20代後半のこと。100円ショップにあるすのこで、シューズラックを作ったのが始まりです（写真下）。

構造はいたってシンプル。すのこ2枚を脇に立て、すのこ裏面の角材を利用して別のすのこ2枚をのせ、木ネジで止めて出来上がり。初めてのDIYなら木ネジを買う分も合わせて550円で6足を収納できます。近くの100均ですべての材料が揃い、すぐにでもできる手軽さが100均DIYの何よりの魅力！

この章では、すべて100均にあるグッズだけで作れるDIYをご紹介していきます。5分もかからずできるものから、「1000円足らずでこんなものが？」……と自分でも驚くような家具ができちゃいます。こんなのあったらいいな〜と思った今がベストタイミング！　さっそく作ってみてね！

\ 3分で完成！アイデア収納 /

難易度

ゴミ袋収納

材料道具

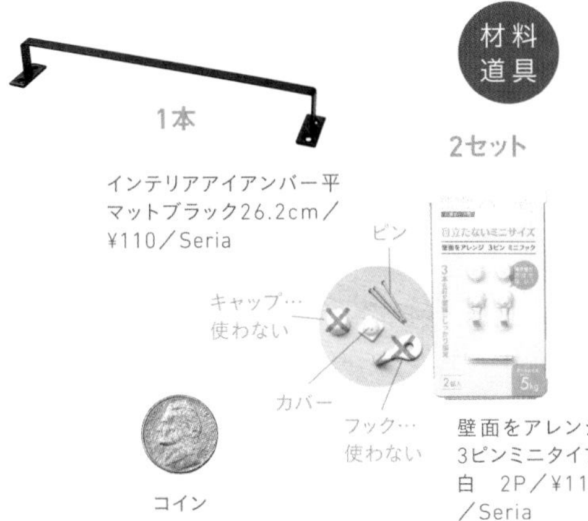

インテリアアイアンバー平マットブラック26.2cm／¥110／Seria

壁面をアレンジ3ピンミニタイプ白 2P／¥110／Seria

Process

1

設置したい箇所にアイアンバーを当てる。

2

かなづちがBESTだけど、騒音が気になるならコインでOK

バーの穴に3ピンミニタイプのカバーを当て、カバーの3つの穴に石膏ボード用のピンを刺す。

3

重量はゴミ袋だけなので、つけるのは上部のみで完成。普段見えないところなのでキャップも不要！

原状回復は20秒！

商品名 室内補修用かべパテ ¥110／サンノート

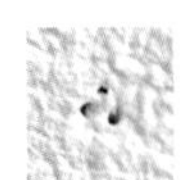

取り外したら、小さな3つのピンの穴が。

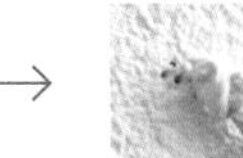

つまようじにパテをつけ、穴を埋めていく。

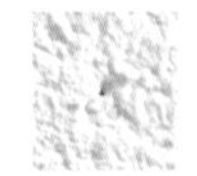

最後にティシュで拭き取るだけ！

＼ 賃貸なのに壁掛けできる ／

通園バッグ収納

1個

アイアンフックL型マットブラック／¥110／Seria

コイン

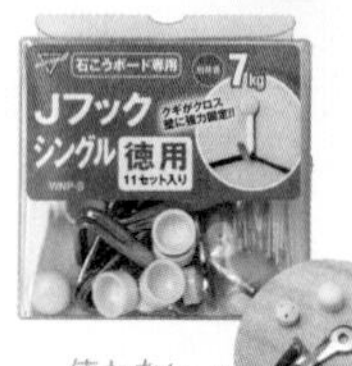

使わない

【WNP-S】Jフックシングル徳用　11セット入り／¥1,177／和気産業

Seriaのインテリアフックモノクロを使えば、p.57の100均の3ピンミニタイプでOK

1

設置したい箇所にフックを当てる。

2

フックの穴に、Jフックシングルのカバーを当て、カバーの3つの穴にピンを刺す。

3

❷の上からキャップをかぶせる。

4

反対側も同じようにして完成。

＼ 簡単すぎてヤバイ棚 ／

U型ブラケット棚

動画はココ

2個

U型ブラケット　16cm
／¥110／Seria

8セット

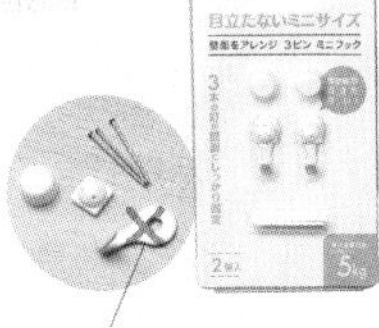

使わない

壁面をアレンジ3ピンミニタイプ白　2P／¥110
／Seria

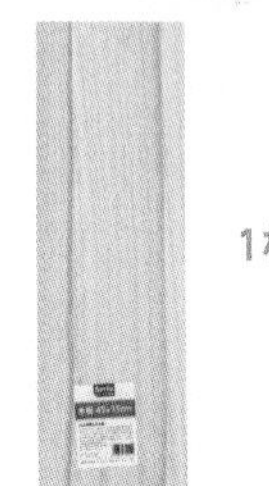

1枚

木板　45×15cm／
¥110／Seria

コイン

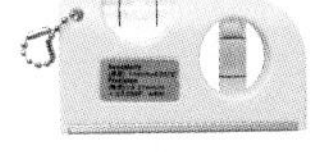

水平器

Process

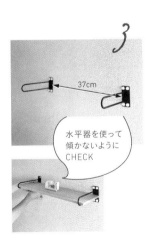

1

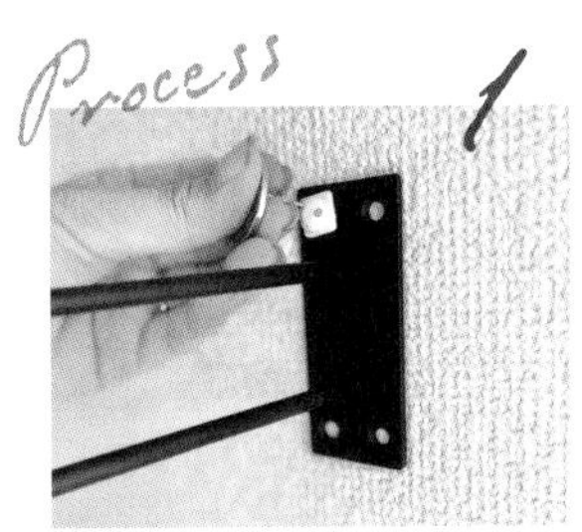

U型ブラケットの穴に3ピンミニタイプのカバーを当て、3つの穴にピンを刺す。

2

ブラケットの穴すべてにピンを刺し、キャップをかぶせる。

3

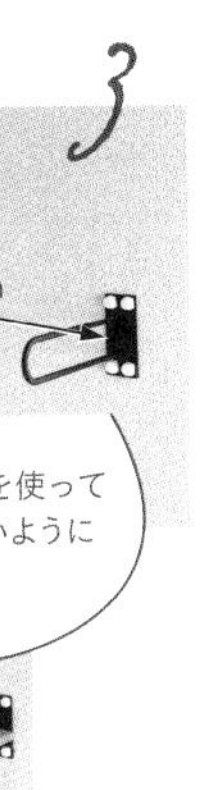

水平器を使って
傾かないように
CHECK

❷の場所から37cm空けて、同じようにU型ブラケットを固定する（板をわたすもう片方の箇所）。

4

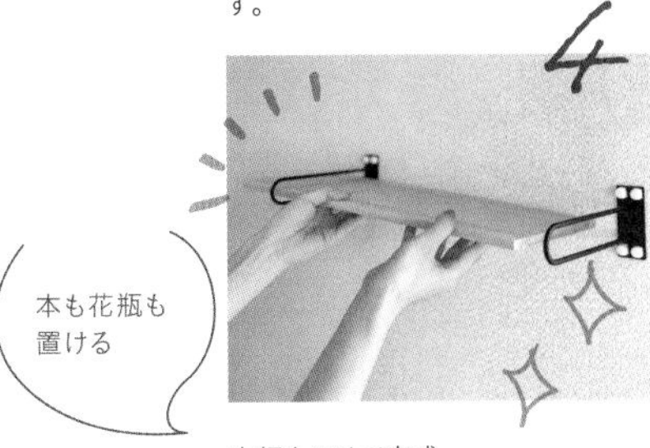

本も花瓶も
置ける

木板をのせて完成。

＼どこでも収納を増やせる／

引き出し収納

材料
道具

キリ　ドライバー

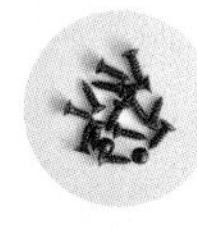
4本
木ネジ40P　ブロンズ／¥110／Seria

ボックス&ラック

各1個
A5引き出しボックス
ホワイト／¥110／Seria
A5引き出しラック
ホワイト／¥110／Seria

Process

1

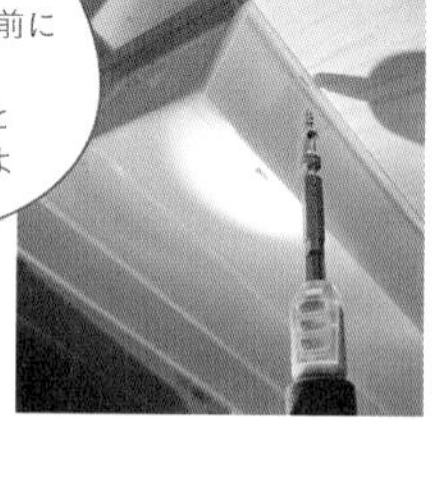

ネジを打つ前に
キリで穴を
開けておくと
やりやすいよ

設置したい箇所にボックスを当て、四隅の穴に木ネジを打って固定する。

2

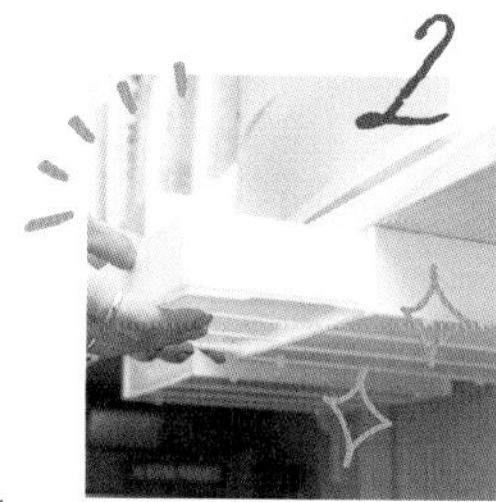

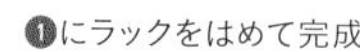

❶にラックをはめて完成。

テーブルの下にも

テーブルで使う小物を入れておけば、すぐに出してしまえる！

＼＼ バーとラップがぴったり ／／

ラップ収納

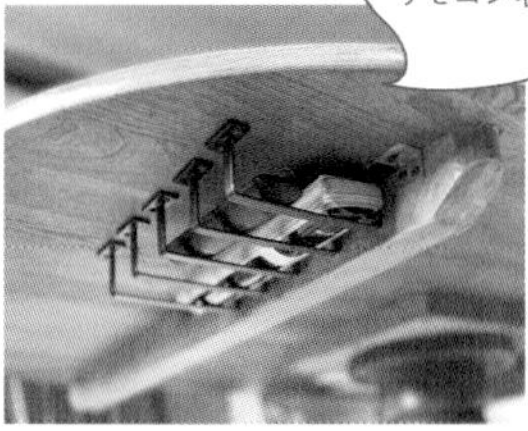

別のサイズのバーを並べればリモコン収納に

材料道具

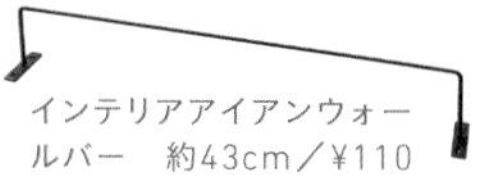

インテリアアイアンウォールバー　約43cm／¥110／Seria　4本

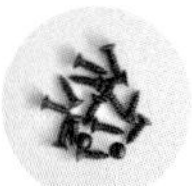

キリ　ドライバー

木ネジ40P　ブロンズ／¥110／Seria　4×4本

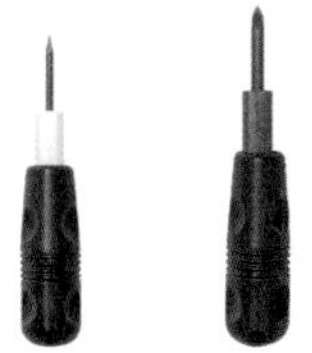

Process

1

設置したい箇所にアイアンバーを当てる。

2

バーの穴すべてに木ネジを打つ。これを4本分（ネジ4箇所×アイアンバー4本）繰り返す。電気ドリルがあればラク。

3

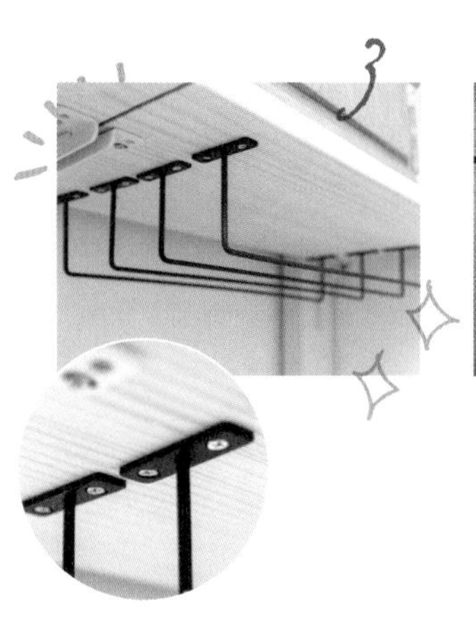

ネジが打てたら完成。

SHARP

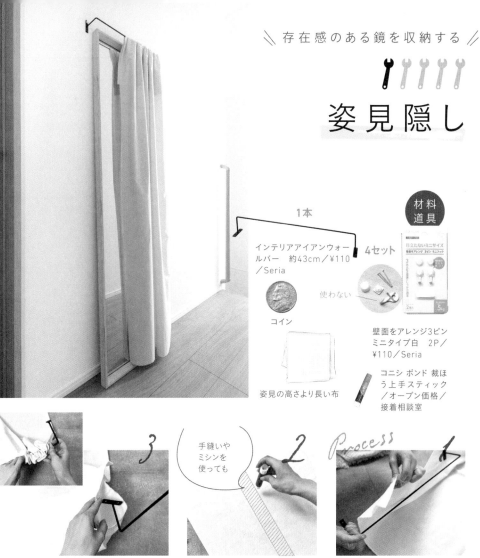

＼存在感のある鏡を収納する／

姿見隠し

材料道具

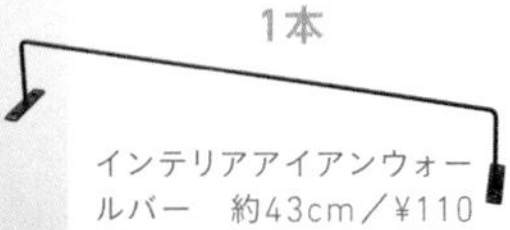

1本

インテリアアイアンウォールバー　約43cm／¥110／Seria

コイン

姿見の高さより長い布

4セット

使わない

壁面をアレンジ3ピン ミニタイプ白　2P／¥110／Seria

コニシ ボンド 裁ほう上手スティック／オープン価格／接着相談室

Process

1

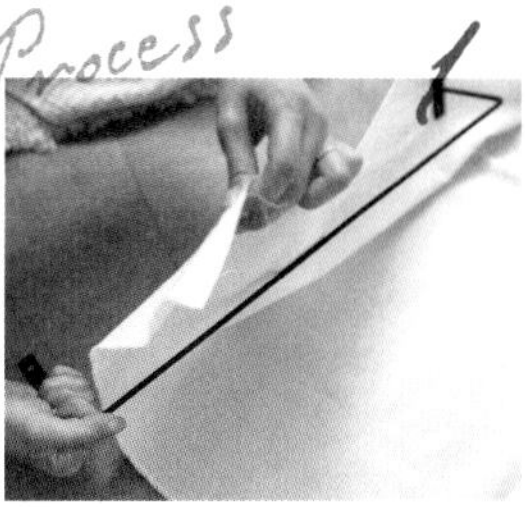

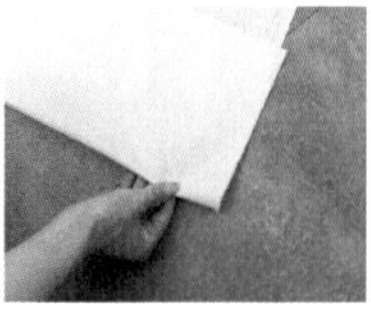

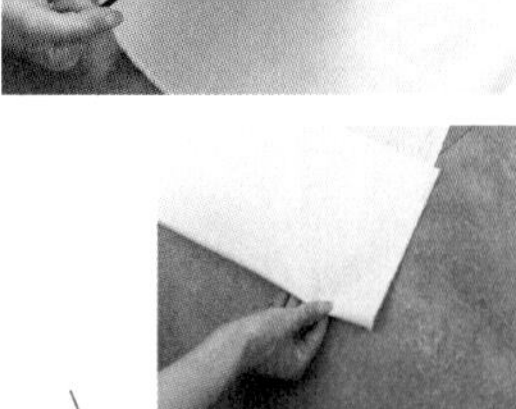

アイアンバーを通すために、布を10cm折り返す。

2

手縫いやミシンを使っても

裁ほう上手スティックを使い、❶の位置で布を接着する。

3

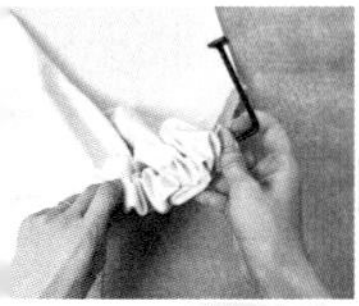

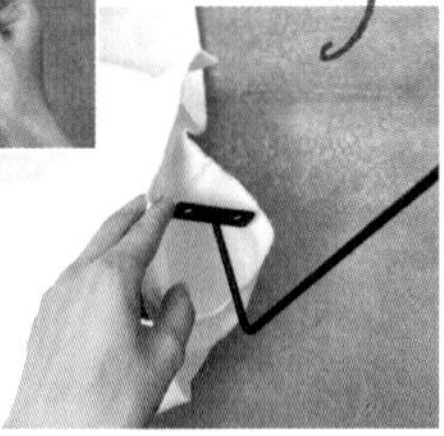

❷で接着した隙間にアイアンバーを通す。

4

ピンの刺し方はp.57と同じ

設置したい箇所に❸を当て、穴にピンフックのカバーをはめてピンを刺す。

5

❹にキャップをかぶせて完成。

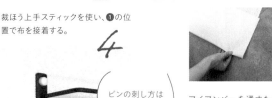

＼＼ 壁からニョキッと高級感 ／／

飛び出す棚

材料道具

2個

木製 立方体 30mm角 8片／¥110／Seria

4個

工作材料直方体 90×30×15mm 8個 P-10／¥110／DAISO

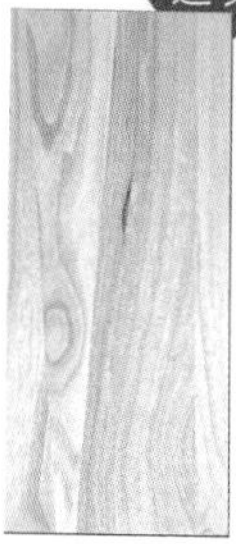

2枚

板材 450×200×9mm／¥110／DAISO

8セット

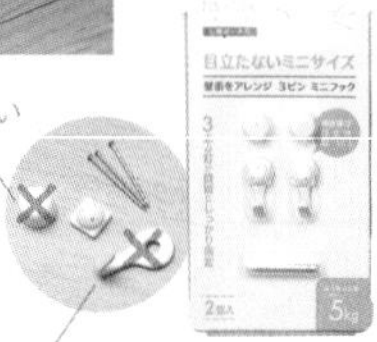

壁面をアレンジ 3ピンミニタイプ 白 2P／¥110／Seria

2本

木製角材2P 45×3.8×0.7cm／¥110／Seria

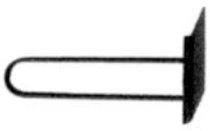

2個

U型ブラケット 16cm／¥110／Seria

のこぎり

木工用ボンド

コイン

動画はココ

Process 1

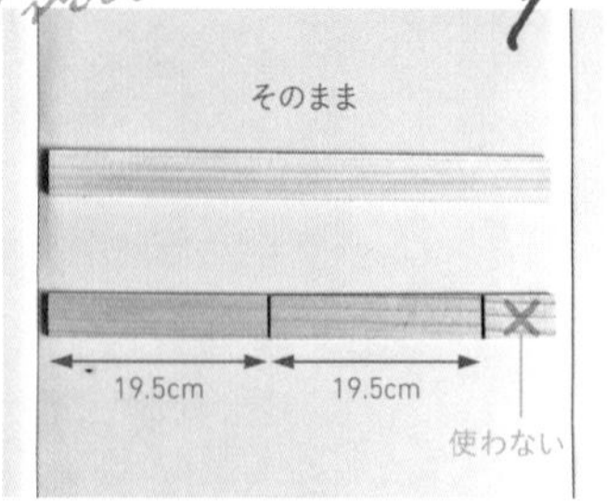

1本の木製角材を、のこぎりで19.5cm×2つにカットする。

のこぎりで木を切るときのPOINT

1. 初めはのこぎりの刃を寝かせてゆっくりと引き、溝を作る
2. 溝ができたら、のこぎりを30度くらいに傾けて前後に動かす
3. 切り終わりは、のこぎりを縦にしてやさしく切る

2

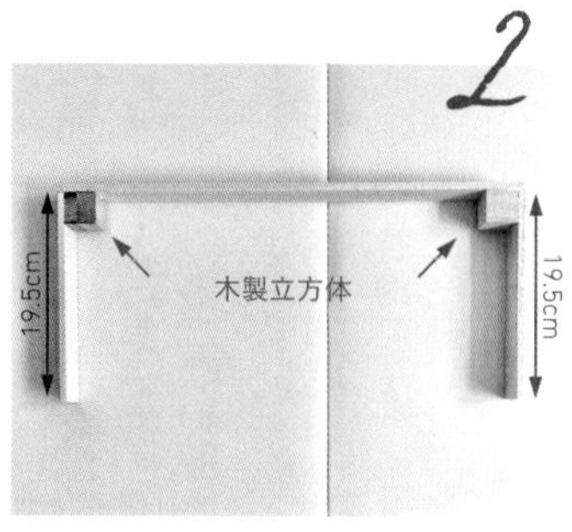

木製立方体の2つの面にボンドをつけ、❶の木製角材ともう1本の木製角材を組み合わせて、写真のようにコの字に固定する。

3

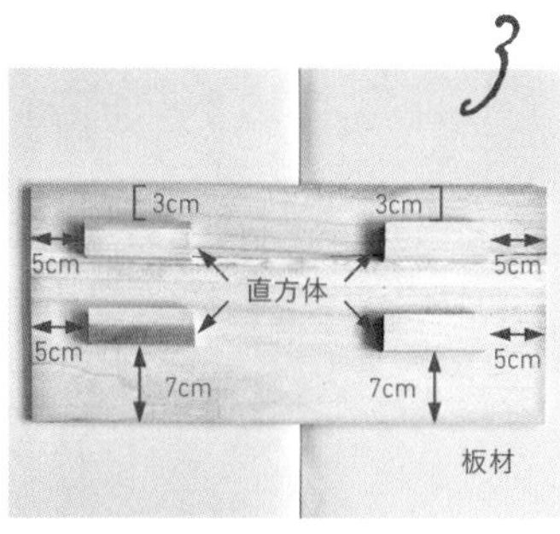

1枚の板材の片面に、直方体を写真のように配置してボンドで固定する。

4

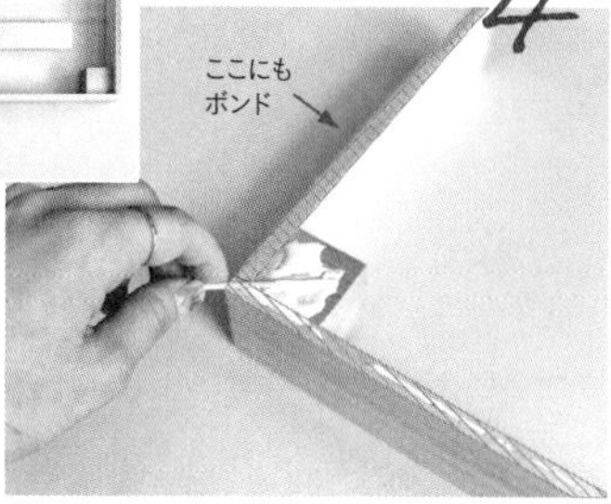

ここにもボンド

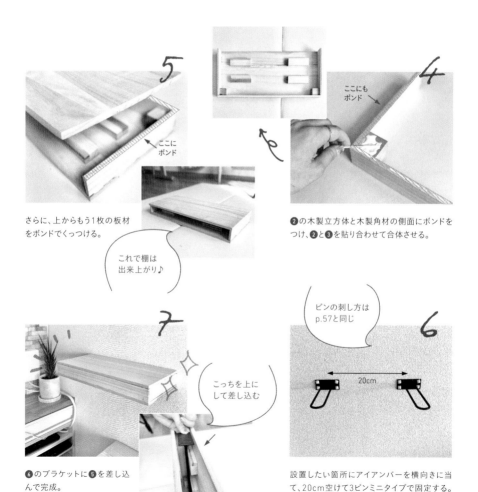

❷の木製立方体と木製角材の側面にボンドをつけ、❷と❸を貼り合わせて合体させる。

5

ここにボンド

さらに、上からもう1枚の板材をボンドでくっつける。

これで棚は出来上がり♪

6

ピンの刺し方はp.57と同じ

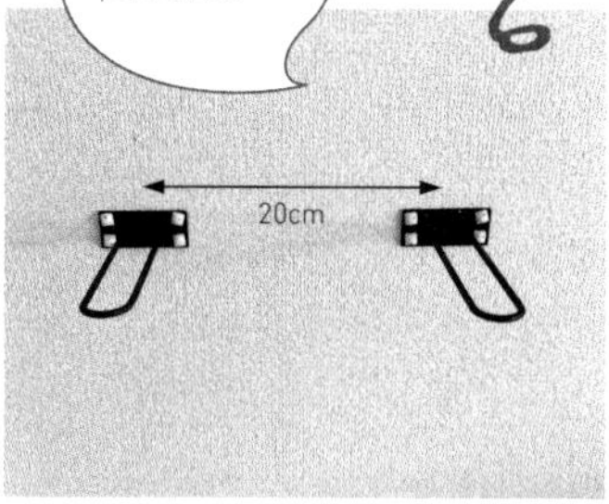

20cm

設置したい箇所にアイアンバーを横向きに当て、20cm空けて3ピンミニタイプで固定する。見えない場所なのでキャップは不要。

7

こっちを上にして差し込む

❻のブラケットに❺を差し込んで完成。

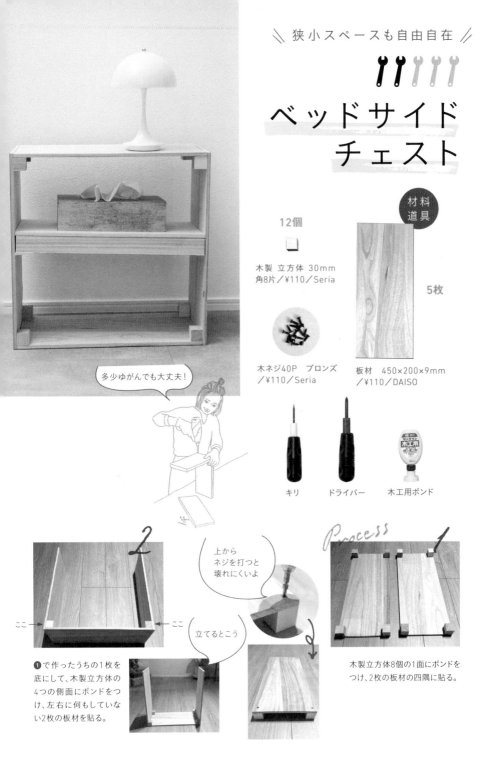

＼ 狭小スペースも自由自在 ／

ベッドサイドチェスト

多少ゆがんでも大丈夫！

材料 道具

12個

木製 立方体 30mm 角8片／¥110／Seria

木ネジ40P ブロンズ／¥110／Seria

5枚

板材 450×200×9mm／¥110／DAISO

キリ

ドライバー

木工用ボンド

Process

1

木製立方体8個の1面にボンドをつけ、2枚の板材の四隅に貼る。

上から ネジを打つと 壊れにくいよ

2

立てるとこう

❶で作ったうちの1枚を底にして、木製立方体の4つの側面にボンドをつけ、左右に何もしていない2枚の板材を貼る。

私はベッドと壁の間のデッドスペースに設置。使わなくなった「飛び出す棚」(p.64-65)をリメイクして、真ん中に配置しました。中段をベッドの高さに合わせると使いやすい!

上に、❶のもう1つをのせてボンドでつける。

❶と同じように四隅に木製立方体をつけたものを、真ん中にボンドで貼り付け、棚にして完成!

Topic

寝かしつけを諦めた話

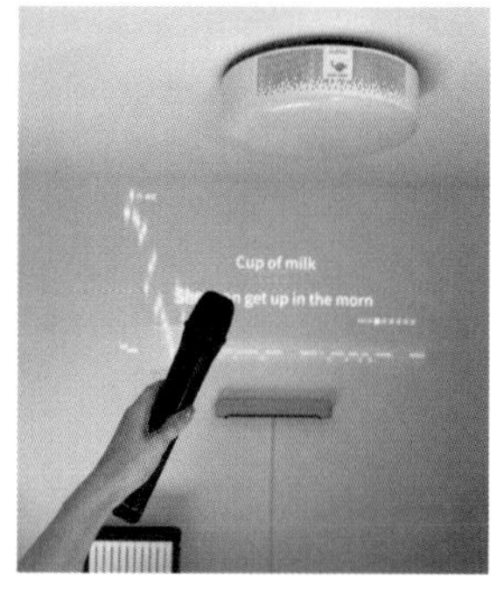

左2枚の写真は「popInAladdin」。画面を完全オフにもできるので、絵本に集中しすぎて寝ない子にも安心。カラオケもできる。

当時2歳にしてお昼寝なし、7:30〜23:00まで起きていたタラオの寝かしつけが苦行すぎて、寝室にプロジェクター「popIn Aladdin(ポップインアラジン)」を導入。絵本の読み聞かせや、癒やし映像などが盛りだくさんなので、寝室へ連れて行くのがラクになりました。ほかに、ぬいぐるみに人格を憑依(!)させて寝室に連れて行ったりもしますが、ダメなときは諦め、リビングで一緒に寝転がっちゃいます!

＼＼14-15冊入る手作り絵本棚／／

絵本ラック

1,210円でできる！

材料
道具

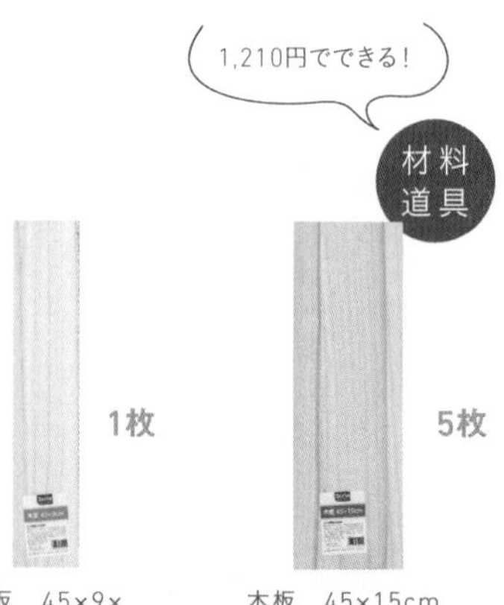

1枚

木板　45×9×0.9cm／¥110／Seria

5枚

木板　45×15cm／¥110／Seria

木製角材3P　45×1.2×1.2cm／¥110／Seria　2本

木製丸棒2P　45×1.5cm／¥110／Seria　2本

木工用ボンド

キリ

ドライバー

木ネジ40P　ブロンズ／¥110／Seria

木製 立方体 30mm角8片／¥110／Seria　4個

Process

1

幅15cmの木板1枚と、幅9cmの木板1枚の端に、ボンドで木製角材をつける。

2

❶で角材をつけた9cmのパーツを裏側に向け、両端にボンドで木製立方体をつける。

3

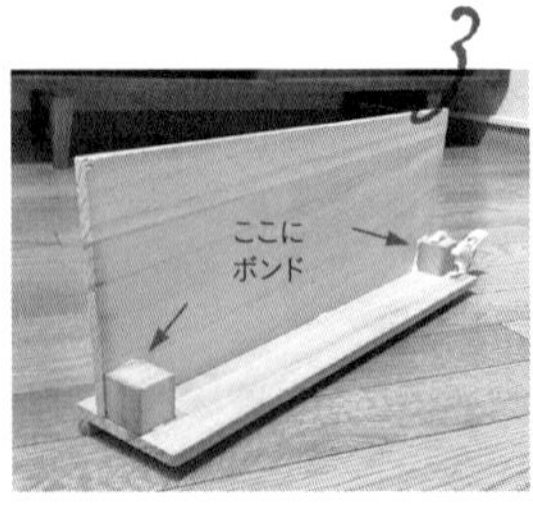

❷の木製立方体の一面にボンドをつけ、何もしていない15cmの木板を垂直になるように沿わせてくっつける。これが棚板になる。

❶で角材をつけた幅15cmのパーツの2つの角に、ボンドで木製立方体をつけ、底板にする。

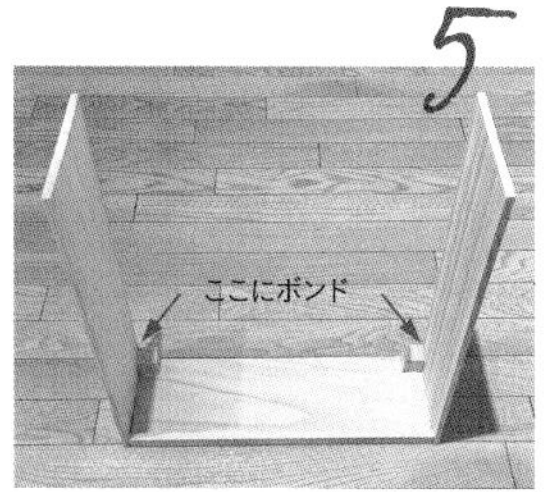

❹の2つの木製立方体の外側にボンドをつけ、両側に何もしていない15cmの木板をくっつける。

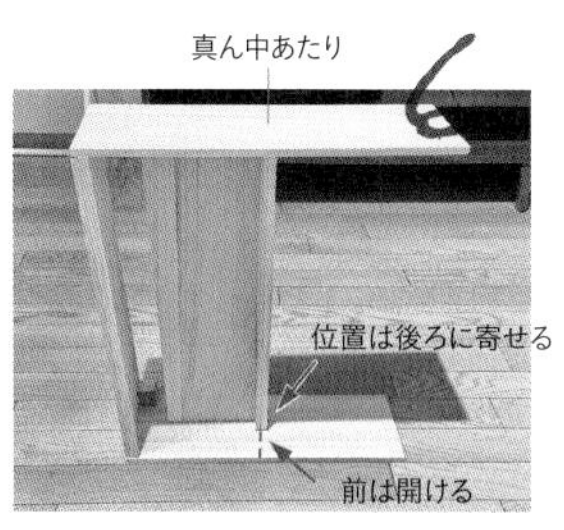

真ん中あたりに❸の板を挟んで、ボンドでつける。

キリで下穴を開けてから❺❻の位置を外側から木ネジで打つ。

最後に残った板を、ボンドで背面につけ、木ネジで打つ。

下から10cmくらいの位置と、側板の幅の中央あたりに、ボンドで丸棒をつける。

次のページへ

キリで下穴を開けて

10

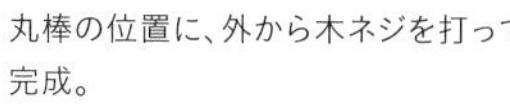

丸棒の位置に、外から木ネジを打って完成。

屋根をつけるなら…

総額440円

材料 道具

キリで下穴を開け、スチール金具を2個使い、2枚の木板同士をL字に固定する。

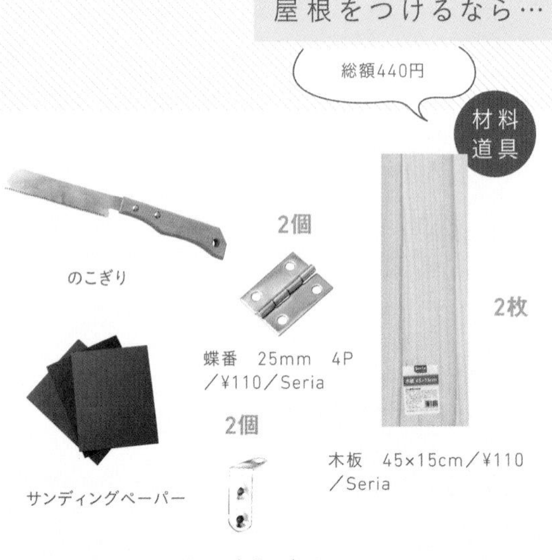

スチール金具 L字 S
4P／110／Seria

12

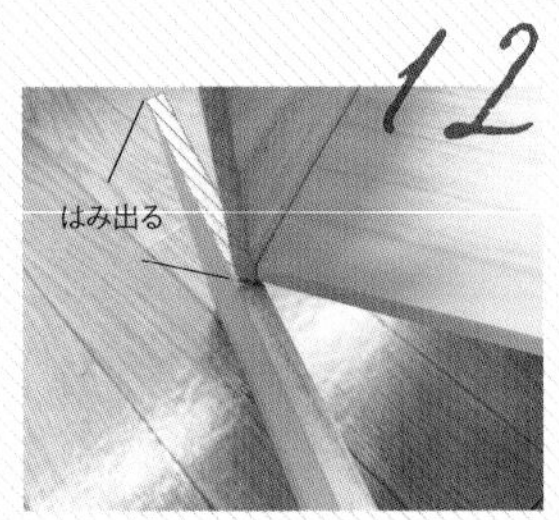

⓫の屋根を床に寝かせた状態で❿のラックを重ねて、はみ出る箇所に印をつける。

13

はみ出る箇所をのこぎりでカットする。

14

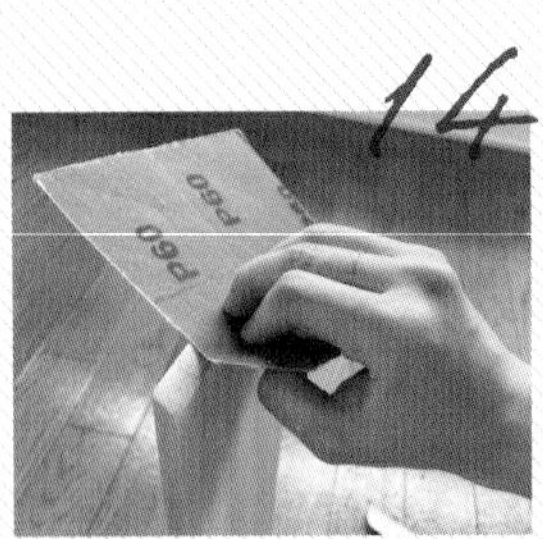

カットした面をサンディングペーパーでやする。

15

まず下から、
最後に
屋根側を打つ

1〜2mm
開ける

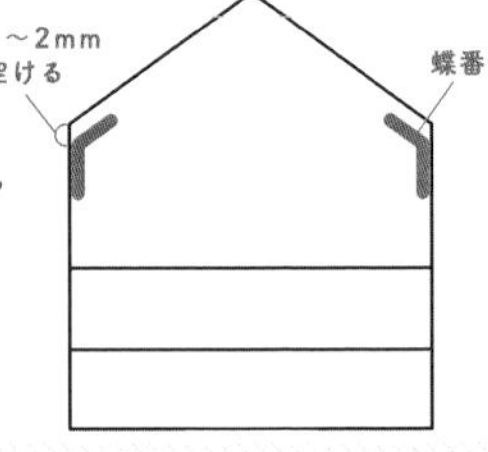

屋根をラックにのせ、ラックの側板の上部、内側1-2mm下がったところに蝶番を左右1つずつ取り付けて完成。

How to 2

書類整理のやり方

気がつけば溜まっていく書類の山！ 安く、簡単に、スッキリ書類を収納するワザをご紹介します。

ダブルクリップにジャンルを記入するだけ。私はラベルライターを使ったけど、シールに手書きで◎。

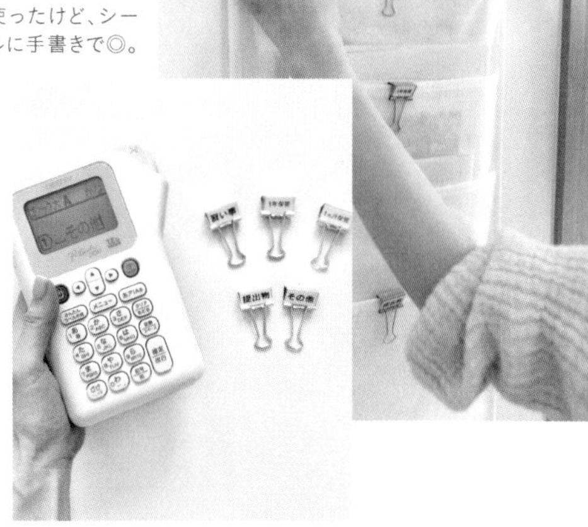

子どもの書類

学期ごとに大量の書類が渡され、プチパニックに陥る私。子ども関係の書類を、100均の吊り下げシャツ収納を使ってまとめました。

5つのポケットを 1 1年保管するもの、2 1か月保管するもの、3 提出物、4 習い事関係、5 その他…のジャンルに分け、ポケット1つにA4ファイル1〜2つを使って該当の書類をまとめて入れます。それぞれの中身をときどき入れ替えるだけでOK！

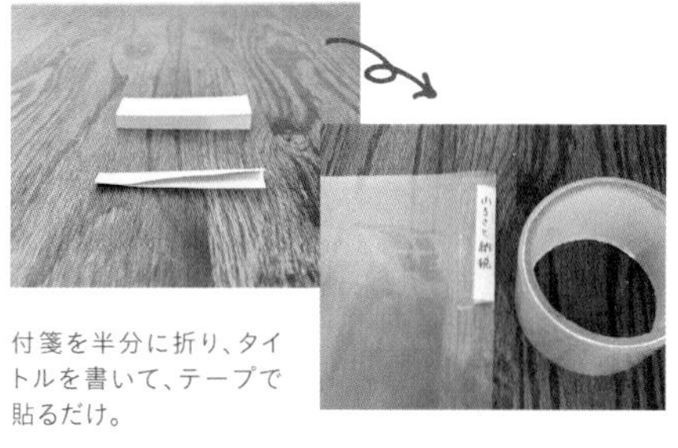

付箋を半分に折り、タイトルを書いて、テープで貼るだけ。

書類全般

用意するのはA4ファイル、透明テープ、付箋、ペン。

クリアファイルにタイトルを書いた付箋を貼り、そのファイルの中に書類を入れ、ファイルボックスに入れるだけ！　収納グッズを買い足すことなく、家にあるもので整理できます。

ジャンルごとに付箋の色を変えると、よりわかりやすいよ。

増殖する"トミカ問題"に終止符

トミカ収納

1,100円でできる！

材料 道具

木ネジ40P　ブロンズ／¥110／Seria

工作材料（板材、400×9×90mm　B-3）／¥110／DAISO　7枚

Seriaの45×9×0.9cmの木板でもOK

工作材料（角棒、450×9×9mm2本、S-6）／¥110／DAISO　5本

動画はココ

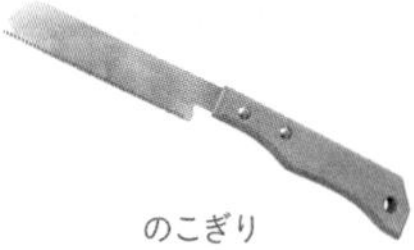

のこぎり

キリ

ドライバー

木工用ボンド

Process

1

Seriaの45×9×0.9cmの木板を使うときはカットは不要！

5本の角棒をマイナス5cmずつカットして、板材の長さに揃える。

2

角棒にボンドをつけ、5枚の板材の端に貼って乾かす。これが棚板になる。

3

側面になる、残り2枚の板材に、キリで木ネジを打つための下穴を開ける。

ボンドが乾いたら❹を木ネジで固定する。

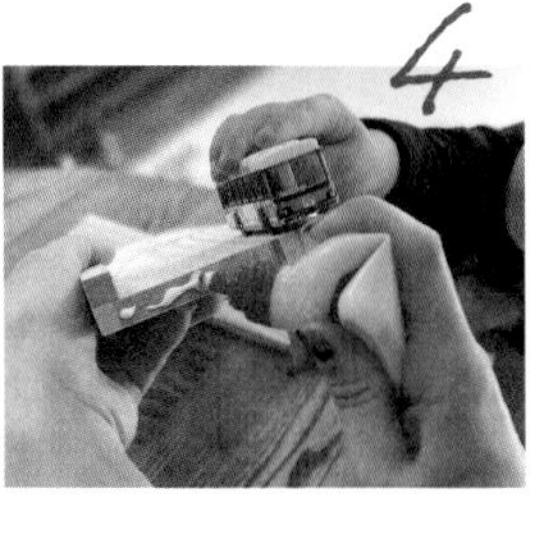

❷の板材のうち1枚を底にし、側面にボンドをつけて❸を左右に貼り付ける。

❷の残りのパーツを好みの位置に置き、木ネジで固定していく。ボンドはつけなくてOK!

壁に掛けるなら…

ラックの背面の、上から2段目と下から2段目に、付属のネジでスチール金具をつける。

最初から壁に
掛けるつもりなら、
❷の段階で
スチール金具を
つけておくと
ラク!

スチール金具の穴に3ピンミニタイプのカバーを当て、3つの穴にピンを刺して壁に固定する。

総額550円

材料 道具

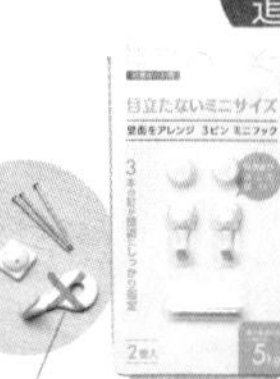

目立たないミニサイズ
壁面をアレンジ 3ピン ミニフック
5kg

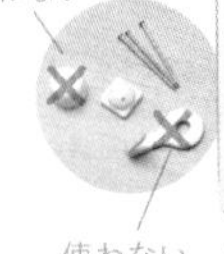

8セット

壁面をアレンジ3ピンミニタイプ白 2P／¥110／Seria

コイン

4個

スチール金具 L字 M 4P／¥110／Seria

＼ 直径225mmまでの鉢が置ける ／

プランター スタンド

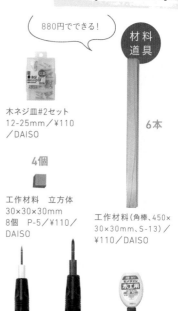

880円でできる！

材料 道具

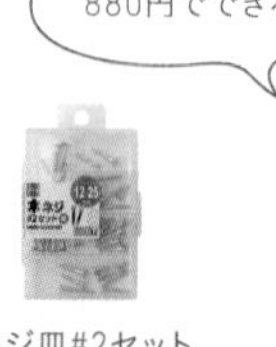

木ネジ皿#2セット 12-25mm／¥110／DAISO

6本

4個

工作材料　立方体 30×30×30mm 8個　P-5／¥110／DAISO

工作材料（角棒、450×30×30mm、S-13）／¥110／DAISO

のこぎり　キリ　ドライバー　木工用ボンド

Process

1

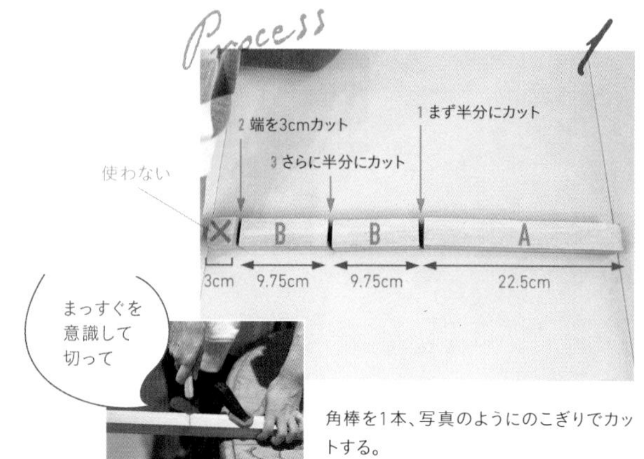

まっすぐを意識して切って

角棒を1本、写真のようにのこぎりでカットする。

2

後で木ネジがぶつからないように高さをずらすよ

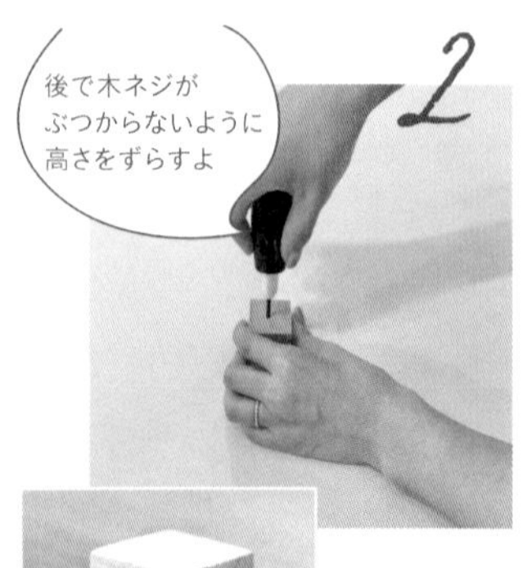

立方体4つに、キリで2面ずつ（8箇所）下穴を開けておく。

Topic

植物を吊るす話

植物大好き、賃貸暮らしのわが家。床面積を広く取りたいので、天井面積を有効活用！　天井からグリーンを吊るしています。

使っているのは、天井用の石膏ボード専用フック。フックに付属のピンをはめて天井にぐぐっと刺せば、出来上がり。立体的にグリーンを配置することができて、部屋が華やぎます。

使っているのは「マジッククロス8　Jフック・セミトライアングル　ホワイト／¥370／日軽産業」。

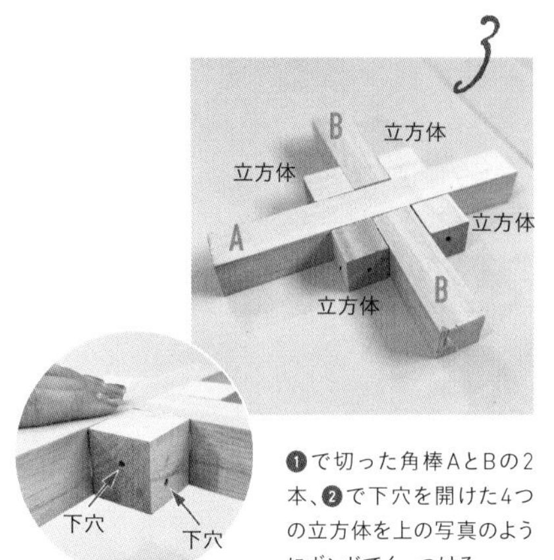

❶で切った角棒AとBの2本、❷で下穴を開けた4つの立方体を上の写真のようにボンドでくっつける。

下穴を開けた箇所を木ネジで固定する。

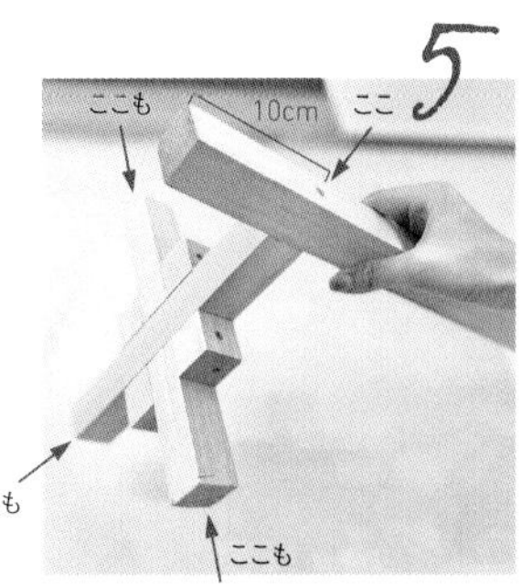

❹と残り4本の角棒を、上から10cmほどの場所で木ネジで固定する。

残り1本の角棒を、のこぎりで半分にカットする。

❻を足元に交差するように木ネジで固定して完成。

＼かさばらない！捨てるのも簡単／

段ボール収納

材料
道具

Tool

木製角材2P　45×2.5×1.5cm／¥110／Seria

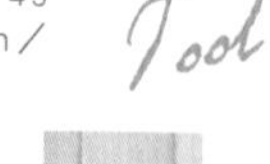

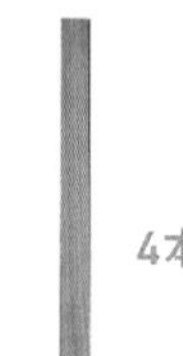

4本

1枚

なくても
できるけど、
あると
かわいい！

コイン

木板　45×15cm／¥110／Seria

ラタンシート／ネットショップで購入しました。

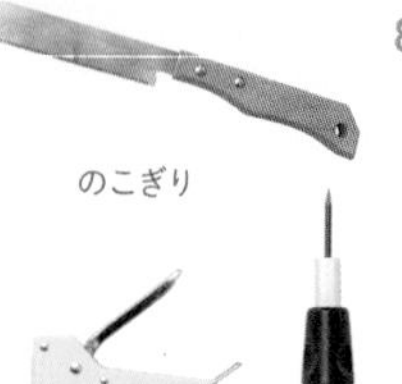

のこぎり

8個

木製　立方体　30mm角8片／¥110／Seria

タッカー

キリ　ドライバー

木ネジ40P　ブロンズ／¥110／Seria

4本

ブラケット　アンティークブラック　13.8cm／¥110／Seria

2個

ステンレス取付金具　約50mm　2個入／¥110／DAISO

使わない

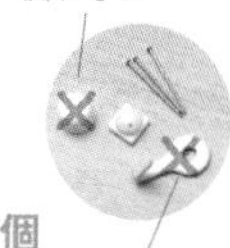

4個

使わない

壁面をアレンジ3ピンミニタイプ白　2P／¥110／Seria

Process

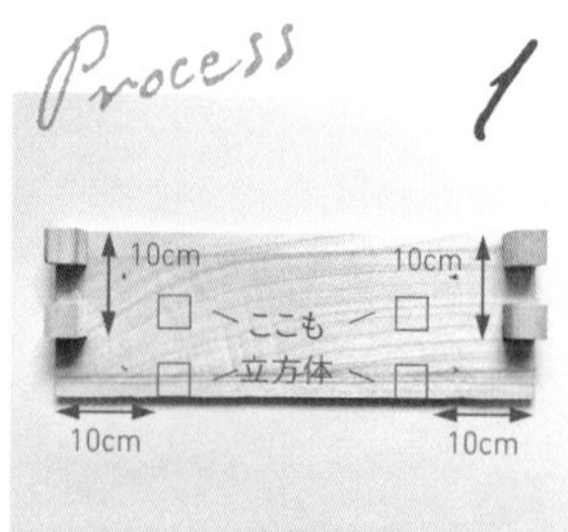

1

すべての立方体の1面にボンドをつけ、図のようにして木板に8個くっつける。

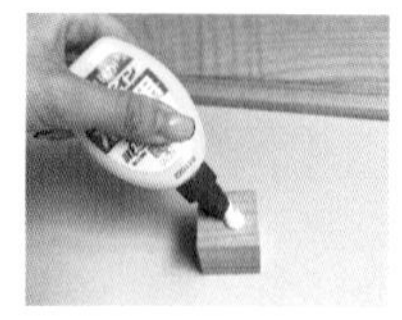

裏から
木ネジを
打てば
強度が増すよ

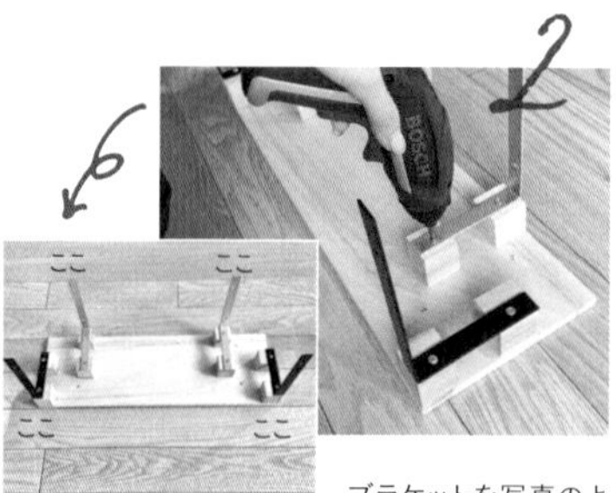

2

ブラケットを写真のようにのせ、木ネジで固定し、底板にする。

3

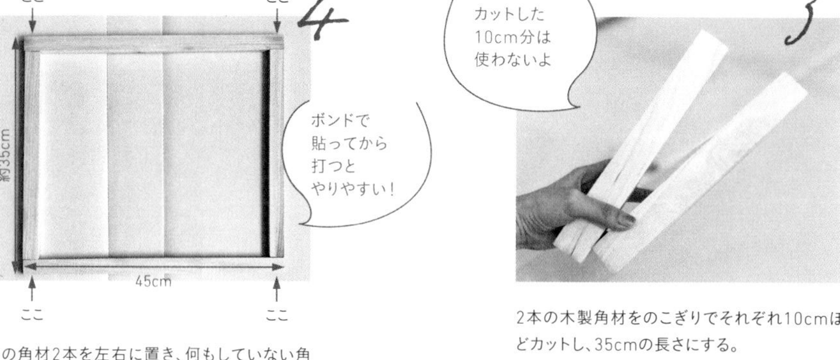
カットした
10cm分は
使わないよ

2本の木製角材をのこぎりでそれぞれ10cmほどカットし、35cmの長さにする。

4

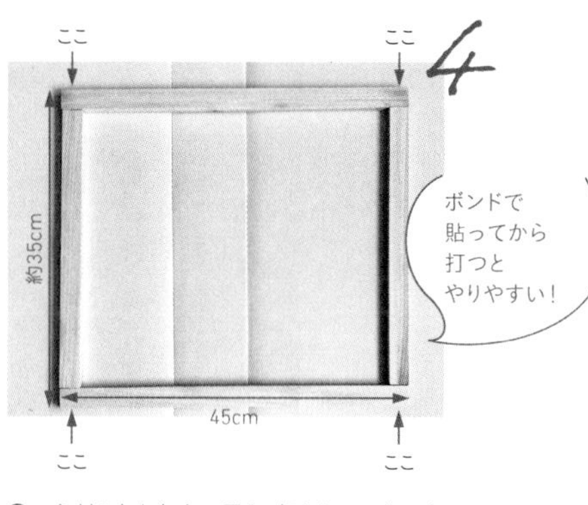
ここ
ここ
約35cm
45cm
ここ
ここ
ボンドで
貼ってから
打つと
やりやすい!

❸の角材2本を左右に置き、何もしていない角材2本を上下から挟むように配置して枠を作り、木ネジで固定する。

5

この工程を
とばすか
100均の布を
代用しても◎

ラタンシートがあれば、❹で作った枠の大きさに合わせてシートをカットし、シートをタッカーで固定する。

6

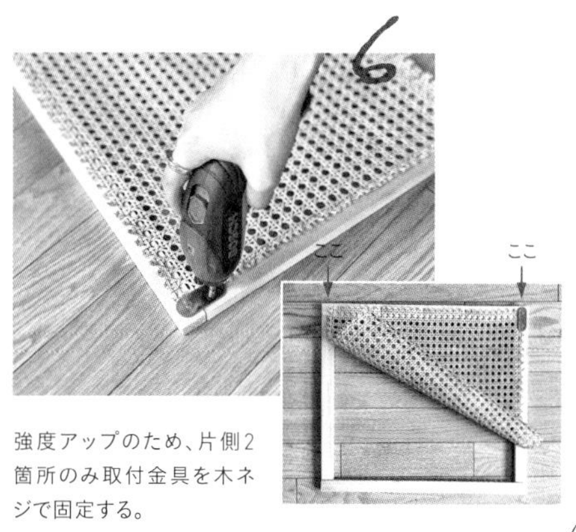
ここ
ここ

強度アップのため、片側2箇所のみ取付金具を木ネジで固定する。

7

ピンの
刺し方は
p.57と
同じだよ

設置したい壁に、❷のパーツを当て、3ピンミニタイプで固定する。

8

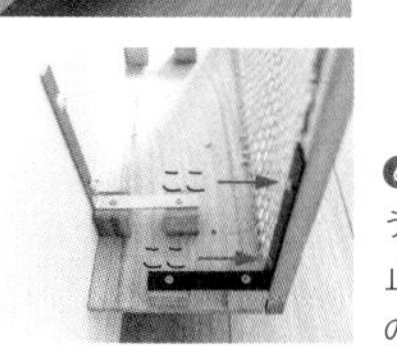
ここ
ここ

❻の枠を、取付金具がついていないほうを下にして、ブラケットに木ネジで止めたら完成。段ボールの底面が浮くので、そのまま紐を通して縛れる!

動画は
ココ

許されず、メイク直しや水を飲むのもダメ（笑）　昭和の甲子園球児か！　っていうくらい壮絶な職場で、相当根性鍛えられました。

崩れないメイク、体型維持、トレンドのファッション——経験は間違いなく今の美意識の底上げにつながっていて、かけがえのない大切な経験でした！　何よりめちゃくちゃ楽しかったです！

やっと人生が軌道に乗ったと思われたころ、結婚生活と育児において、再び大きな挫折を味わいました。そこで、私を救い上げてくれたのは、SNS発信でした。3年前、どん底に落ちた私でしたが、趣味のDIYをInstagramで発信することで、微力ながら人の役に立てることに喜びを感じました！

振り返ってみると、もともとコンプレックスの塊で自己肯定感が低かったおかげで「得意を伸ばす」にコミットした人間に仕上がったのかも。今の私があるのは、確実に辛かった過去のおかげ！　一見ピンチだと思われることも、すべては良い結果につながるための通過点でしかないことを確信した瞬間、メンタル無双女の爆誕です（笑）

人間なので波はあるけれど、それも受け入れて、数々の通過点を楽しんでいます！　そう思えばどんなことにも挑戦できるし、ダメな自分もOKになる！　35歳にしてようやく、人生というものがわかってきた気がします。

Column 3

私の履歴書、思うこと

人生、谷底のあとは登るだけ

幼少期の私はとにかくこだわりが強く、好き嫌いがハッキリしたとても偏った人間でした。許容範囲が狭いため、人間関係がうまくいかないことも多く、突き抜けてネガティブな子どもでした。

特に集団生活と勉強が大の苦手。学校で問題は起こすし、おまけに運動神経も悪いので、自分を肯定できる要素が何一つなかったんです。

周りの友だちみたいにちゃんとしたいのに、「自分の努力不足で、みんなみたいにがんばれないダメ人間」と、自分を責め続ける日々。

転校をきっかけに不登校となり、家で何もせず、死んだように生きる小学生でした。当時は今ほど不登校が認知されていなかったこともあり、自己肯定感は底辺に。子どもながらに生きてる意味がわからず、死んでしまいたいと常に思っていたんです。自分で自分をコントロールできず、辛い時期でした。

家族にも迷惑をかけているし、なんとか自分を変えたくて、中学入学をきっかけに勇気を出して学校に行きました。相変わらず勉強は壊滅的でしたが、音楽だけは楽しんで良い成績を取れることに気がつきました。

人には得意・不得意があることを知り、勉強やスポーツが苦手なことも気にしなくなった私は、むしろそれらをネタにして生きることに(笑)　そうして、少しずつ自分を取り戻していきました。

ファッションに興味があったので、好きな服、髪の色、ネイルがしたくて校則がゆるい高校に進学。憧れのギャルになりたくて、お化粧や制服のかわいい着こなし方の研究に明け暮れ、気づけば3年間を謳歌していました！

自由ゆえに自分の「好き」に忠実になれたし、お化粧が上手になるたびに自己肯定感も少しずつ上がっていきました！　美容の力はすごい。私が美容オタクなのはこのころの成功体験も大きなきっかけとなっています！

その後、得意だった音楽で音大へ進学。卒業後はギャルの聖地、ファッションビル「SHIBUYA109」で、アパレルブランドのショップ店員として働き始めました。ギャルの世界は超体育会系！　上下関係が厳しく、勤務中どんなに足が痛くても15cmのヒールを脱ぐことは

How to 3

ゴチャらない部屋

未就学児のタラオと賃貸暮らしのわが家。秒で散らかる部屋をスッキリさせる工夫をしています。

ヴィンテージ家具をおもちゃ収納に。

子どもが片付けやすくする

カラフルなおもちゃ箱よりも、ヴィンテージ家具やかごが好きな私。子どもがいるからといって、好きなものを諦めません！

かさばるおもちゃこそ、私のお気に入りの家具に収納しています。中身の管理は子どもにお任せ。たとえグチャグチャでも、扉を閉めればスッキリ隠れて、気分アガる空間に。

それでも散らかるおもちゃは、リビングに置いたかごにお片付け。ふたがないのでしまいやすいし、そのまま持ち運べるので移動も簡単！

片付けそのものをなくす

そして、“片付け”そのものを子ども目線でハードルの低いものにしました。

フックは手の届くところに設置し、持ち物は自分でしまえるように。片付けるのが大変な大きなおもちゃは、そもそも片付けなくても済むようにDIYで収納を工夫（p.121）！おもちゃが溢れ出したら、おもちゃ収納もDIYで浮かせています（p.72）。

どうがんばってもうまくいかない日もあるけれど、少しの工夫で理想のお部屋に近づけますように。

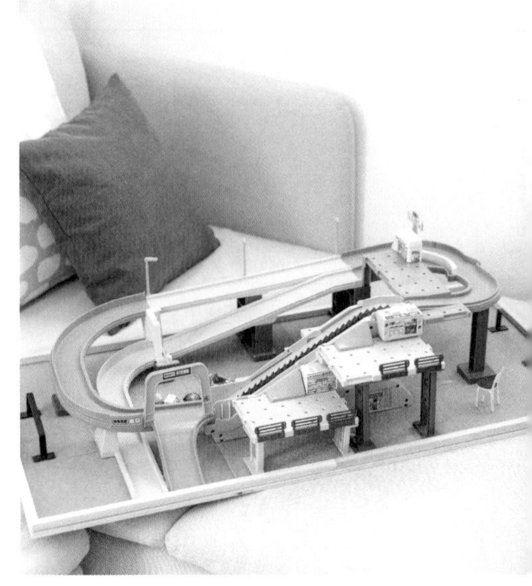

片付けることをやめて、部屋を片付ける！

3章

どんな家でもより快適に
収納を増やすDIY

使い勝手も見栄えも最高。自分サイズのDIY

DIYのコツがつかめたら&楽しくなってきたら、100均以外の材料を揃えて、もうワンランク上のDIYにチャレンジしてみよう！

何から始めようか迷ったら、この章で紹介しているDIYをパラパラと眺めてから、部屋をぐるりと見回してみて。ちょっと不便だなと感じたり、これがあるといいなと思うものがあったら、「それ！」が今あなたの作りたいもの。必要な箇所の寸法を測って、材料を揃えてみてね！

材料は、ホームセンターやネット通販で購入できるものがほとんど。木材はホームセンターや専門のサイトで購入後、カットしてもらう必要があるものもあります。〝完成予想図〟（設計図の作り方は54ページ）を思い浮かべてから始めよう！

〝自分メイド〟のDIYで、暮らしが格段に便利になる――が実感できたら、もう立派なDIYer。次は、この本で使ったテクニックをベースに、まったく新しいもの作りに挑戦してみてもらえたら、うれしい！

＼アンテナ線がどこでもOK！／

難易度

ケーブル隠し

材料
道具

ELPA　壁紙モール
1号石目／¥420／
朝日電器

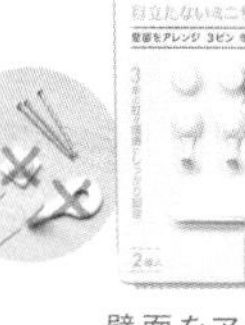

壁面をアレンジ
3ピンミニタイプ
白　2P／¥110
／Seria

キリ

コイン

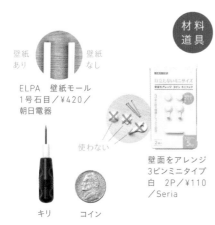

Process

1

壁紙に
貼る場合は
「壁紙あり」
タイプが◎

モールのカバーを外す。

2

穴が大きく
なりすぎない
ように先だけ
使って

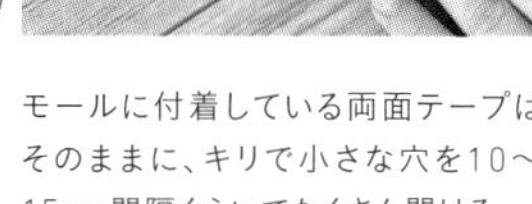

モールに付着している両面テープはそのままに、キリで小さな穴を10〜15cm間隔くらいでたくさん開ける。

3

3ピンミニタイプのピン部分のみを壁に差し込む。

4

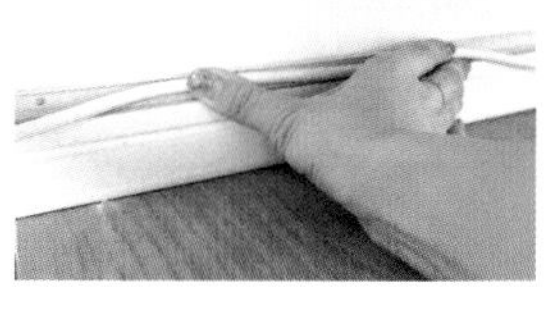

❸にコードを通してカバーをはめて完成。

ソファの背面は
隠れるので
そのまま

キャスター収納は…p.85

＼ 家にある棚に板を増設！ ／

充電コーナー

4枚

棚板／充電コーナーにしたい棚のサイズに合わせた板を購入しましょう。100均の板をカットしたり、ホームセンターなどでカットしてもらいます。

ダボ／備え付けのダボを片手に、100均やホームセンターへGO！ 同じサイズのものを購入します。

Process

1

棚板を増やしたい家具と同じ穴径のダボを購入する。棚板も幅が同じサイズのものを用意する。

2

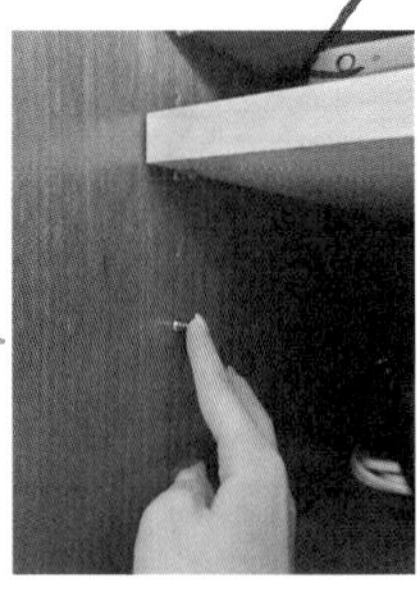

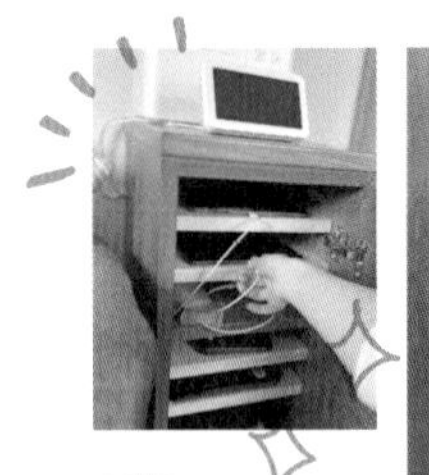

裏に
コードを通す
穴があると
便利〜

新しいダボをはめて、棚板を置けば完成。

これが
おすすめ！

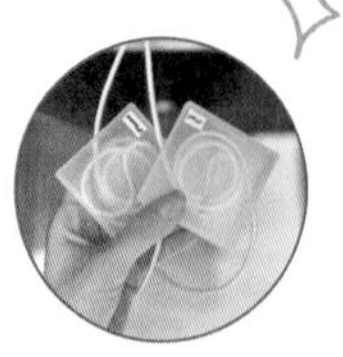

商品名 ポリプロピレン スマホスタンド付ケーブル収納／¥190／無印良品

つまみを回すだけでケーブルが収納できます。ゴチャゴチャするコードがスッキリまとまるよ。

＼ ソファ下に収納できる ／

キャスター収納

材料 道具

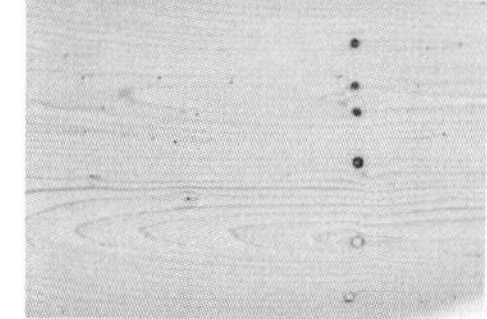
構造用合板／だいたいのホームセンターで販売している安価な板です。ビッグサイズで売っていることが多いので、ホームセンターでよきサイズに切ってもらうのがおすすめ。

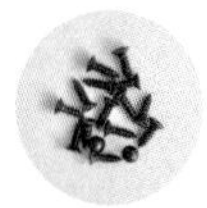
木ネジ40P　ブロンズ／¥110／Seria

2個

自在キャスター2個入り　プラタイヤ仕様／¥110／Seria

ドライバー

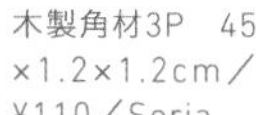
木製角材3P　45×1.2×1.2cm／¥110／Seria

Process

1

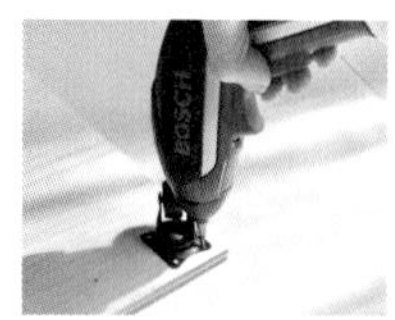
合板の四隅に、木ネジでキャスターを取り付ける。

2

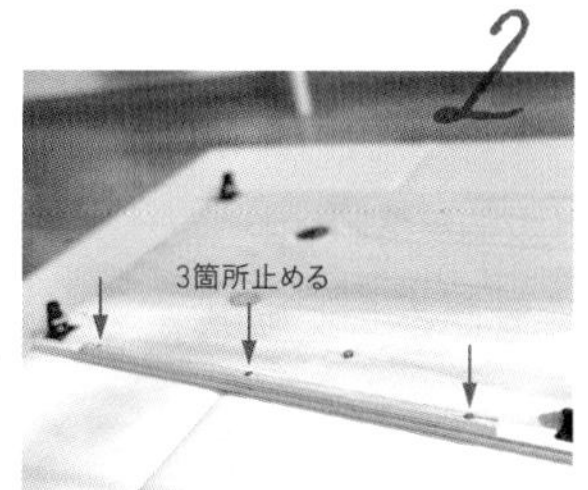
3箇所止める

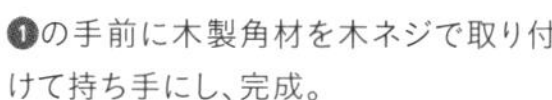
❶の手前に木製角材を木ネジで取り付けて持ち手にし、完成。

ひと手間アレンジ！

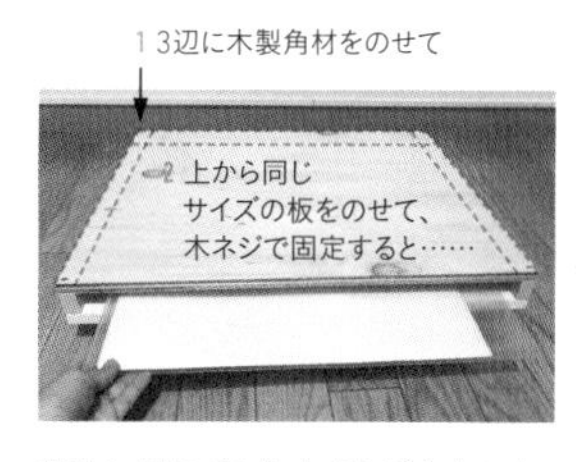
1 3辺に木製角材をのせて
2 上から同じサイズの板をのせて、木ネジで固定すると……

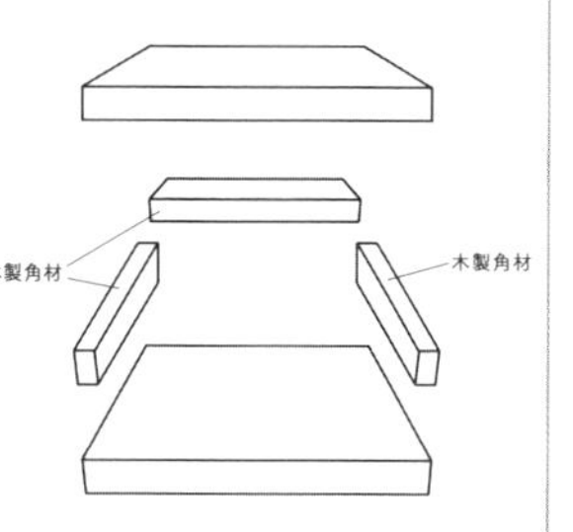
木製角材
木製角材

収納に困りがちな大きな紙入れに！

＼ 浮かせて収納、取り出しやすい ／

壁掛け掃除機

材料道具

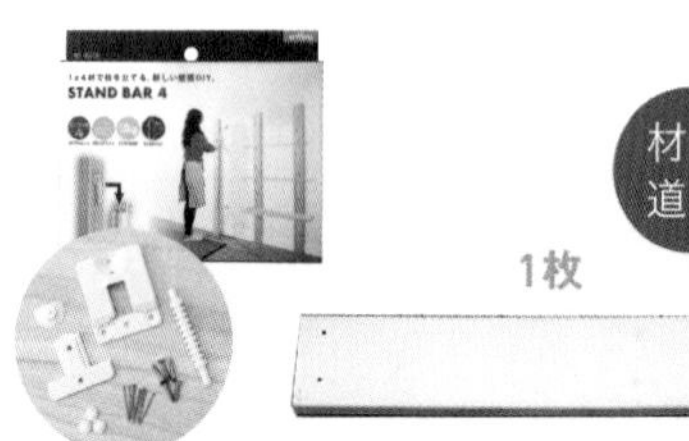

1枚

STANDBAR4／¥1,100／アイワ金属

1×4材（SPF材）／ホームセンターで購入。45cmくらいの長さにカットしてもらいました。

コイン

ドライバー

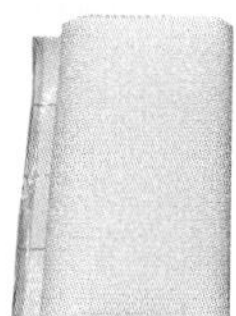

クロス（生のり付き）／家の壁紙と同じものをホームセンターで購入しました。

Process

1

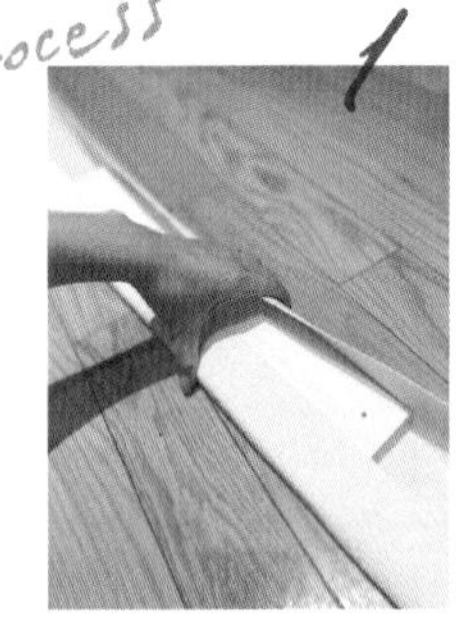

1×4材に壁紙と同じクロスを貼る。

2

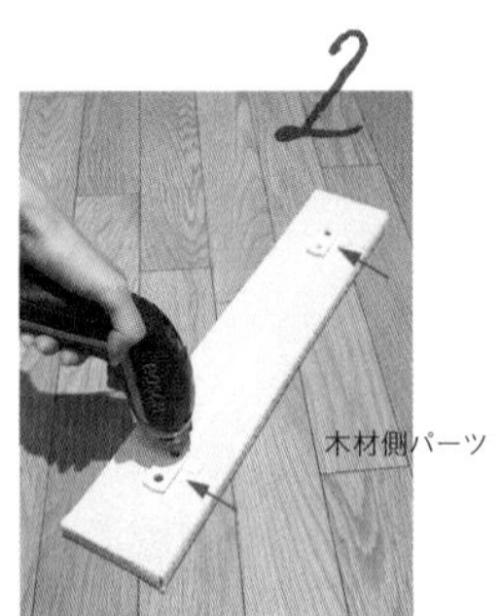

❶の上下に、スタンドバーの木材側パーツを付属のネジで取り付ける。

3

マーカーをつけるよ

壁側パーツ

壁側のパーツに「マーカー」という付属のパーツを取り付け、❷の木材側パーツの上下ともにはめる。

4

この突起を
押し当てて
マーキング
するよ

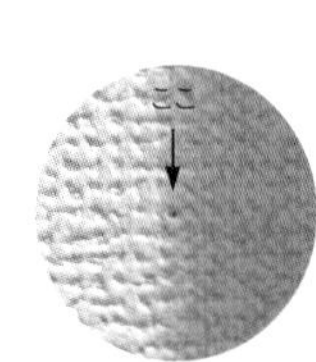

❸を壁に当て、設置する箇所にぐっと押し、印をつける。

5

❸の壁側パーツを1×4材から外し、マーカーも外す。

6

マーキングした2箇所に、壁側パーツを壁に直接当て、付属のピンを刺して止める。

7

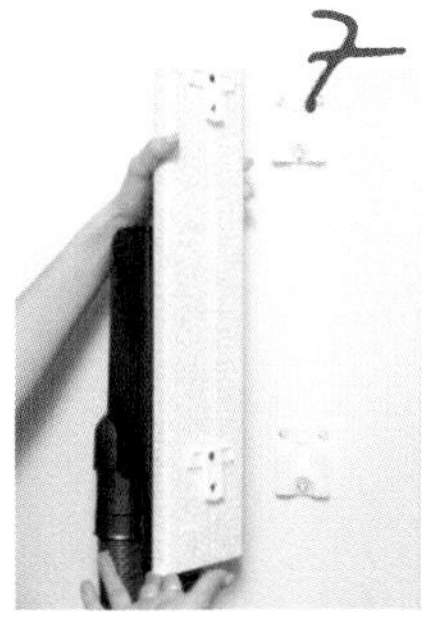

❺の1×4材を、壁側パーツにスライドして取り付ける。

8

掃除機の充電ホルダーをつけて完成。充電ホルダーは、1×4材に直接木ネジで打って取り付けたよ。

Topic

DIY好きが引っ越した話

最近賃貸マンションから、賃貸戸建てへと引っ越しをしました。DIYをしまくっていた部屋だったので、気をつけたことは旧宅の原状回復期間をきちんと設けること。

DIYを旧宅から新居に移して、旧宅を元通りにする必要があるため、どっちの家も行き来できる期間を10日ほど設けました。おかげで旧宅から新居への移住はスムーズに。

とはいえ、引っ越し当日は荷物が多すぎてトラックにのらないかも問題が発生！　「この木材のせるんですか！?」という業者さんの悲鳴がこだましました……。

DIY好きの引っ越しは、原状回復期間と、荷物量にご注意を。

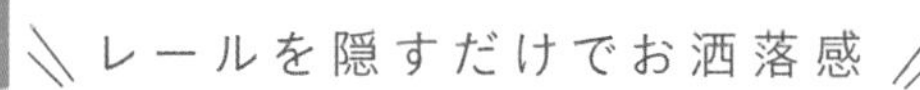

カーテンレールボックス

材料道具

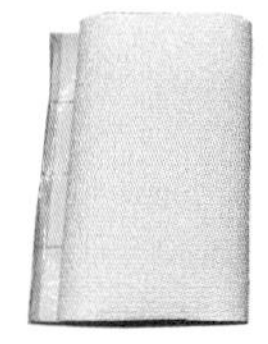

クロス（生のり付き）／家の壁紙と同じものをホームセンターで購入しました。

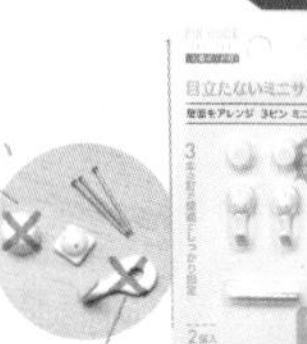

壁面をアレンジ 3ピンミニタイプ 白 2P／¥110／Seria

ミニステー 19×24mm 4P 古色仕上げ／¥110／Seria／Aの長さに応じて、必要な数だけ用意します。

6枚

ホームセンターで1×4材などを購入し、レールの長さに切ってもらうのもアリです

木板 45×9×0.9cm／¥110／Seria

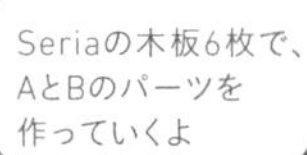

コイン

のこぎり

ドライバー

タッカー

Process 1

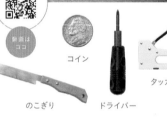

板材を挟んで固定するC型クランプを使うと、切りやすい！

カーテンレールの長さを測り、使いやすい長さに木板をカットする。

Seriaの木板6枚で、AとBのパーツを作っていくよ

Aの部分は
木板1枚の
長さでは
足りないので
つなげるよ

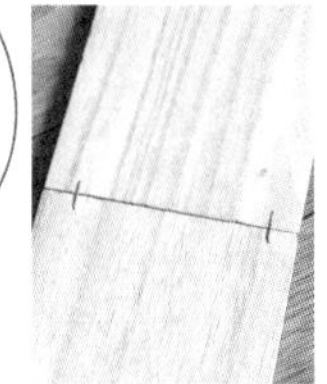

木板をタッカーでつなげる。

ミニステーで、端(AとBのつなぎ目)を90度に固定して付属のネジで打つ。

❸に壁紙と同じクロスを貼る。

板1枚に
1個くらいの
間隔で
つけるよ

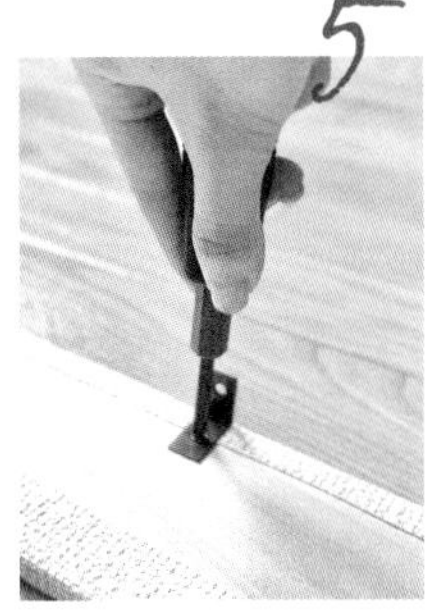

❹の天井側になるほうに、ミニステーを取り付ける。

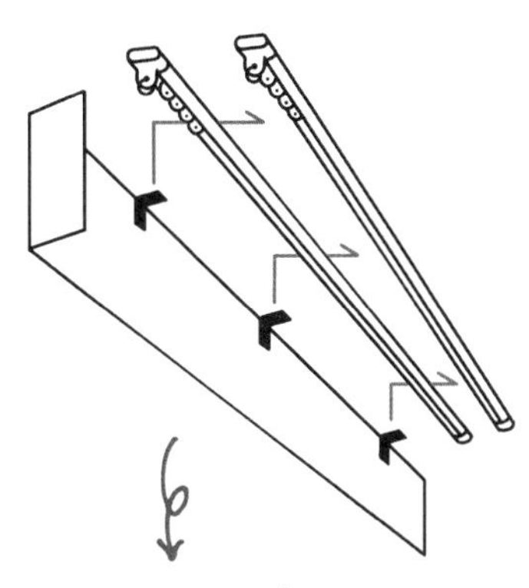

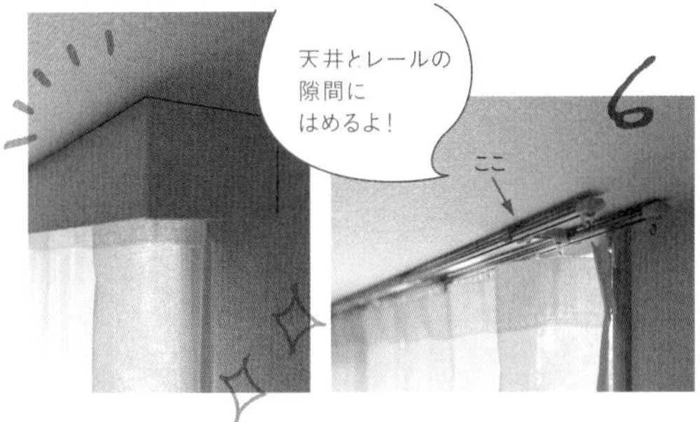

レール上部の隙間に、❺のステーをはめ込む。

これ

Bの裏側のステーの穴を利用して、内側から3ピンミニタイプを刺しておくとなお良し!(使い方はp.57に)

＼＼ 壁を傷つけない棚板収納 ／／

ビスいらずの枕棚

クローゼットのデッドスペースを活用！

材料 道具

4本

SUS棚柱 品番：LS-723 909mm／¥536／サヌキ

コイン

8個

SUS棚柱 品番：LS-723／¥44／サヌキ

2枚

棚板／棚のサイズに合わせた板を購入しましょう。100均の板をカットしたり、ホームセンターなどでカットしてもらいます。

12セット

ピン固定パーツ 品番：CC-911　1袋6個入り／¥814／サヌキ

Process 1

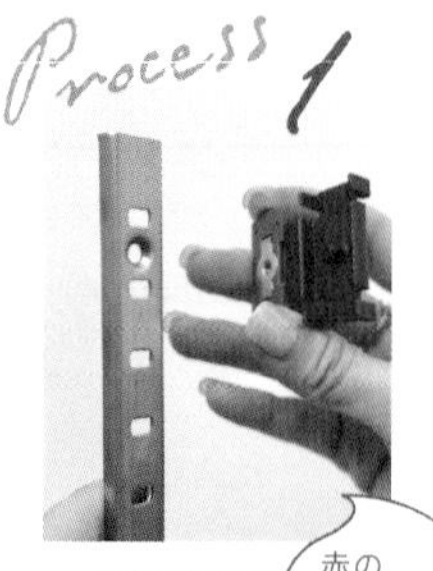

赤のパーツを差し込む

棚柱にパーツユニットを設置し、養生テープなどで壁に棚柱を仮止めする。

2

4つの穴に刺すよ

グレーの固定パーツの穴の角度に沿ってピンを斜め下向きに刺したあと、グレーの固定パーツから棚柱と赤のパーツを取り外す。

3

赤のパーツを外した棚柱を、グレーの固定パーツの穴位置にはめ、付属のビスで止める。

4

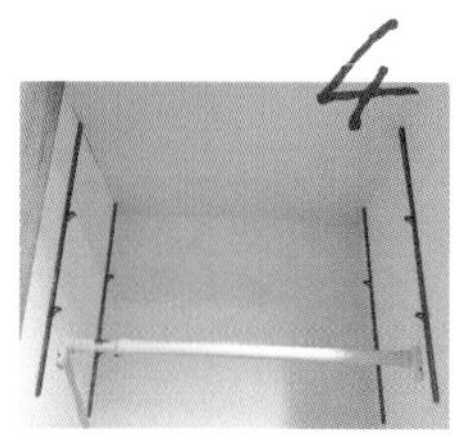

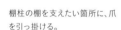

棚柱の棚を支えたい箇所に、爪を引っ掛ける。

5

必ず1枚の棚板につき、4つの爪で支えてね

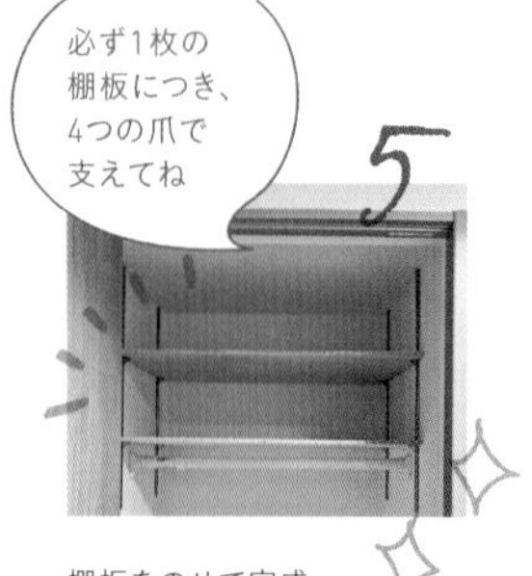

棚板をのせて完成。

Column 4

子育て、苦手です

育児の呪いをぶっ壊せ！

息子は寝ない、食べない、置けないタイプの赤ちゃんで、初めて朝まで寝たのは2歳2か月のことでした。母乳が出るのにミルクにするなんて甘えでは？という今考えたらアホすぎる呪いに縛られ、乳腺炎の激痛に耐えながら授乳を耐え抜いた乳児期。1時間おきに起きる新生児がいるとは知らず、この間しっかり病み散らかしました！

とにかく寝かせたくて、抱っこ紐で図書館に通う妖怪ネントレババアの爆誕（笑）。ネントレを試しては玉砕を繰り返し、開き直ったころには息子は2歳を過ぎていました。子どもには個人差があり、その時期の寝ない・食べないは育て方の問題ではない！と、早く知りたかった……。

それに、「母親とは◯◯であるべき」という無言の圧力を感じていること、ありますよね。夜泣き対応も、仕事との両立を強いられるのも、飲み会を我慢するのも、ワンオペを当たり前にこなすのも、美容院がご褒美になってしまうのも、すべての負担は母親が負うべきという謎の呪い……。あるよね。

私も最初は完全にそんな刷り込みにヤラれていて、なんの疑問もなく自分ばかりがんばっていたのですが、途中で呪いに気づき、パパも巻き込んで子育てするようになりました。

一緒に育児をがんばるみんなのこと、私はズッ友だと思っているし、バッシングを恐れず、共感という癒しを届けたい……そんな思いで日々、Instagramで発信をしています。

そんな私が子育てで一番大事にしていることは、私自身が人生を楽しみ、その姿を見せること。子育ては苦手だし、勉強もスポーツも教えてあげられないけど、何事も楽しんで取り組む姿を見せていきたい。でも実はこれ、超ネガティヴ人間の私自身が一番苦手としていることで、私の人生の課題なんです。

なので、「楽しむ努力を癖づける」という人生のミッションを、子どもと一緒にクリアするぞ！というのが、私流の子育てです。

DIYで作ったマンスリーフォトフレーム。

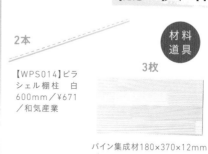

＼ スマートな“見せる”収納 ／

DIYに見えない棚収納

材料 道具

2本

【WPS014】ピラシェル棚柱　白600mm／¥671／和気産業

3枚

パイン集成材180×370×12mm／ホームセンターで購入し、必要サイズにカットしました。

【WPS48】ピラシェル専用　ピン止め金具黒用／¥ 1,760／和気産業

3セット

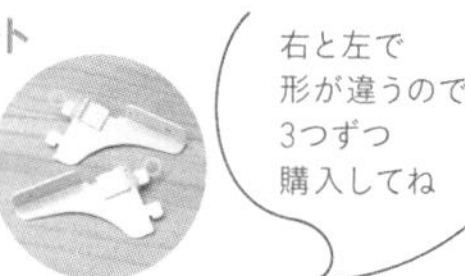

右と左で形が違うので、3つずつ購入してね

1×4ピラシェル棚受　1枚用　白【右用WPS017】【左用WPS018】／各々¥473／和気産業

電動ドライバー

動画はココ

Process

1

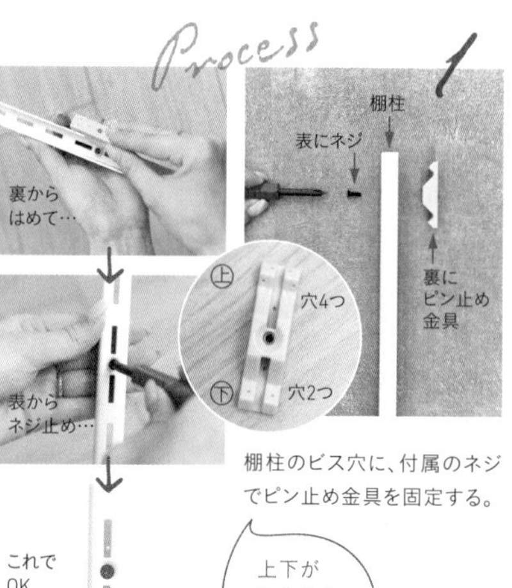

棚柱のビス穴に、付属のネジでピン止め金具を固定する。

上下があるので注意

2

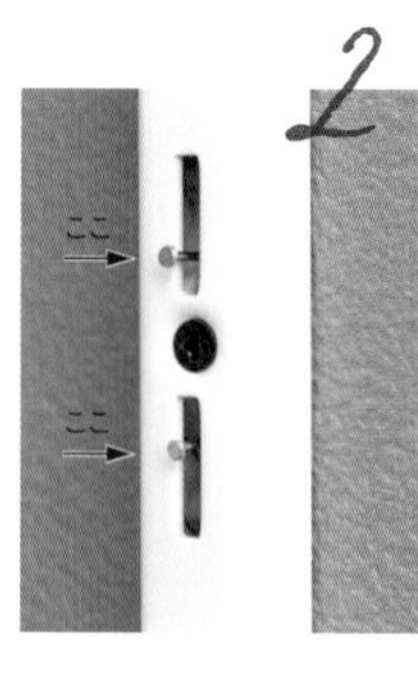

設置したい壁に❶を当て、仮止め用のピンを2本刺して、取り付け位置を決める。これを棚柱1本につき、上・中・下3箇所行う。もう1本も同様に、棚板の幅に合わせて仮止めする。

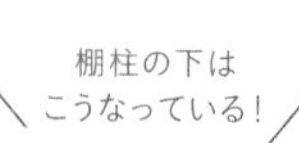

＼ 棚柱の下はこうなっている！ ／

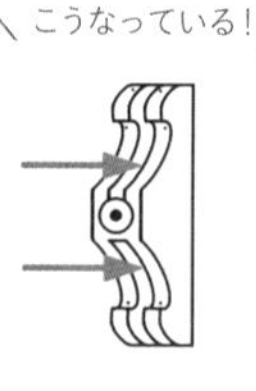

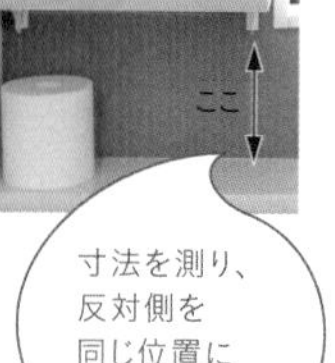

寸法を測り、反対側を同じ位置に設置する

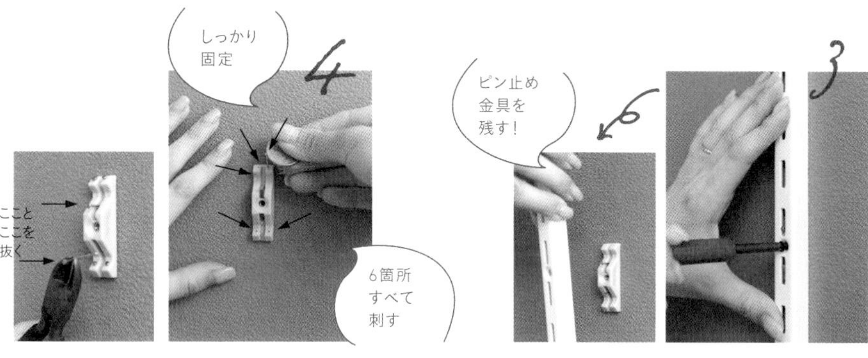

❶で止めたネジを一旦全部外し、棚柱を2本とも取り外す。

残したピン止め金具に、ピンを6本刺し、❷で刺した仮止め用のピン2本を抜く。

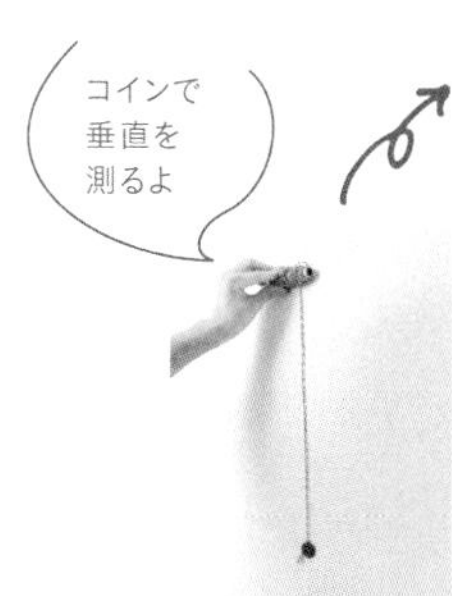

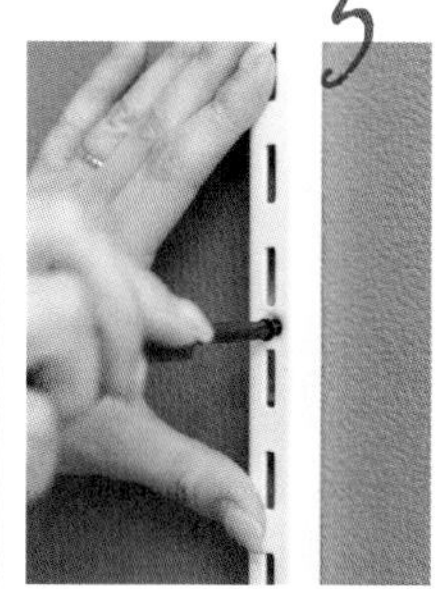

❹のピン止め金具に、❸で外した棚柱をセットし直し、付属のネジで再度固定する。❶〜❺を左右の2本分行う。

麻紐に50円玉を50cmくらい垂らしたものを壁に当て、止まったときの紐に沿って棚柱をつける。

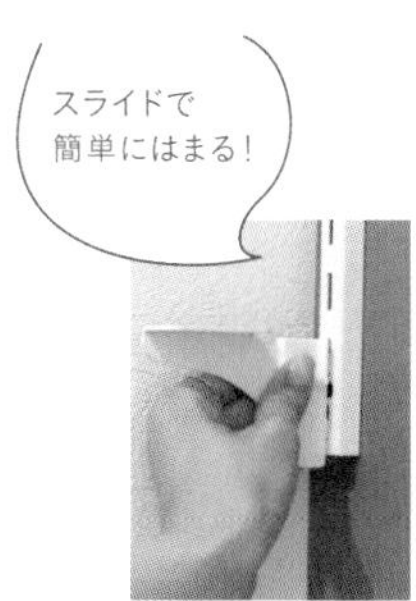

棚柱に、すべての棚受をはめる。

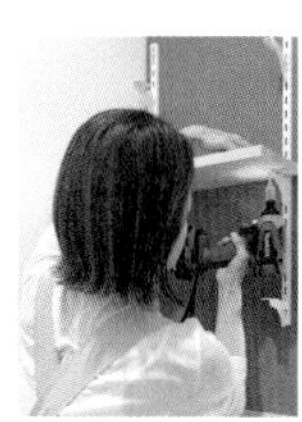

棚板を付属のネジで固定して完成。

＼場所がないなら浮かせてしまえ／

食洗機置き場

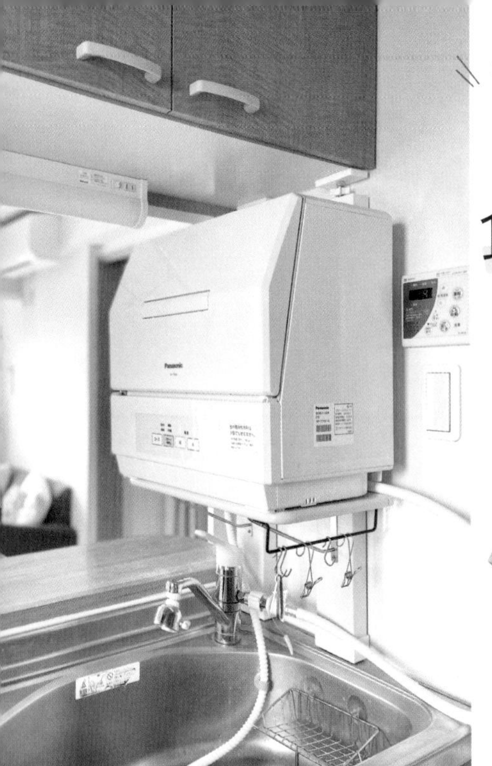

材料
道具

2本

2×4材／ホームセンターで購入し、必要サイズにカットしました。

1枚

棚板／パイン集成材3R 450×250×18mm／ホームセンターで購入。

2セット

LABRICO 2×4アジャスター／公式オンライン価格¥1,496／平安伸銅工業

2個

TQOOL ステンレススレンダー棚受 120mm×240mm／¥1,056／ハイロジック

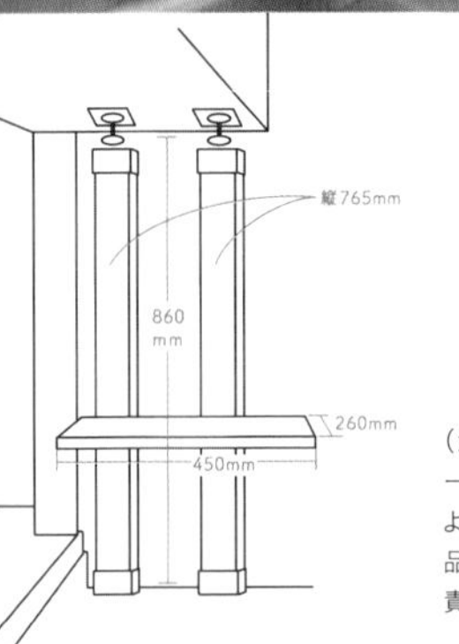

キリ

電動ドライバー

(注)食器や水の重量により荷重オーバーになる可能性、及び振動による転倒の危険があります。各製品の取扱説明書に従ってご自身の責任でご使用ください。

防水塗装がなくてもOKだけど…

より本格志向なら…

水の掛かる場所に、ビニールや、台所用の防水シールを貼ってもOK！

毛羽立ちを整える

③ペンキを塗る

②サンディング

①吸い込み止めを塗る

プロの友人に頼んで
木材の防水塗装をしたよ！

Process

1

2×4材の上下に、2×4アジャスターをはめる。

2

くるくる
回して
突っ張るだけ

❶を設置したい箇所に突っ張って固定する。

3

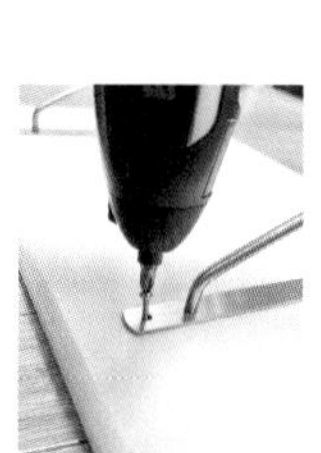

棚板に棚受けをのせ、棚受付属のネジで固定する。

4

キリで
下穴を
開けてから

このくらい
浮かせる

❷の2×4材に、付属のネジをちょっと浮かせた状態まで打つ。

5

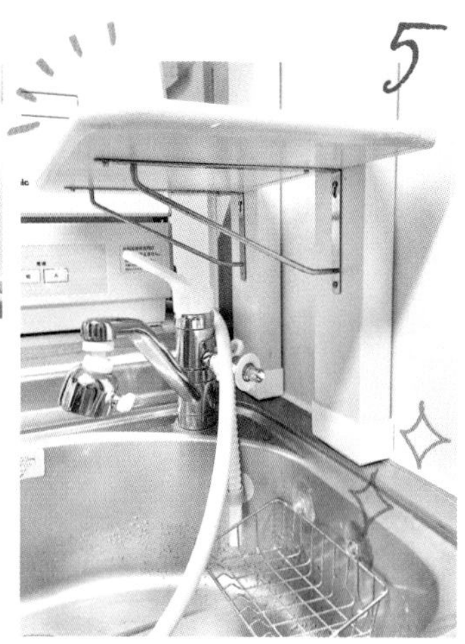

❹の浮かせたネジに❸の棚板をはめてから、ネジをきつく締め直して完成。

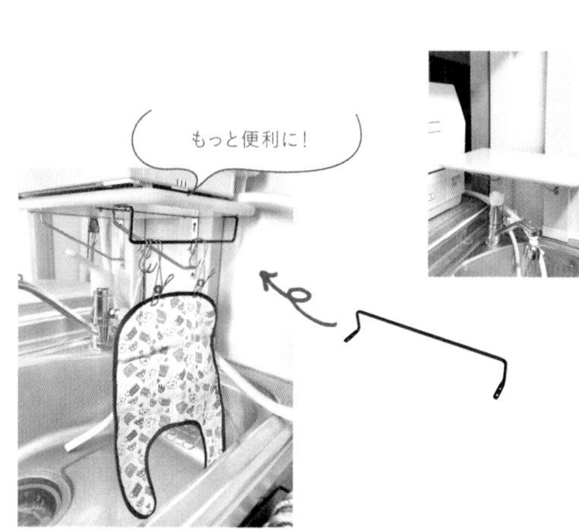
もっと便利に！

アイアンバーを設置して、ふきんや洗ったスタイなどを吊るす！

＼＼ 抜け感あるDIYで広々〜 ／／

書斎収納

（注）設置状態によって耐荷重は変化しますので、安全に十分ご留意ください。

材料
道具

天井高より
マイナス95mmにカット！

2本

2×4材／天井高よりマイナス95mmの長さに、ホームセンターでカットします。

2本

【WPS016】ピラシェル棚柱 白 1200mm／¥ 1,133／和気産業

1枚

簡単スーパー生のりカベ紙［KN-01］／推奨小売価格¥2,585／アサヒペン

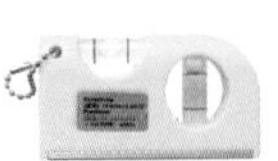

水平器

電動ドライバー

2セット

LABRICO 2×4アジャスター／公式オンライン価格¥1,496／平安伸銅工業

5セット

1×4ピラシェル棚受3枚用 白【右用WPS021】【左用WPS022】／各々¥726／和気産業

【WAT-022】ウォリスト 2×4用タッピング白 4×30 約50本入り／¥539／和気産業

キリ

スリムねじ 3.5×13mm 600本入り／参考価格¥742／八幡ねじ

5枚

棚板（合板）／ホームセンターで購入し、必要サイズにカットしました。

動画は
ココ

Process

1

なぜバケを
使うと
きれいに
貼れるよ

2×4材に生のりカベ紙を巻く。

2

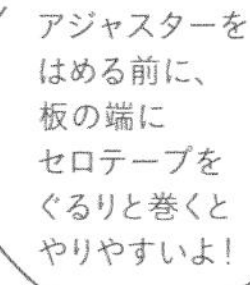

アジャスターを
はめる前に、
板の端に
セロテープを
ぐるりと巻くと
やりやすいよ！

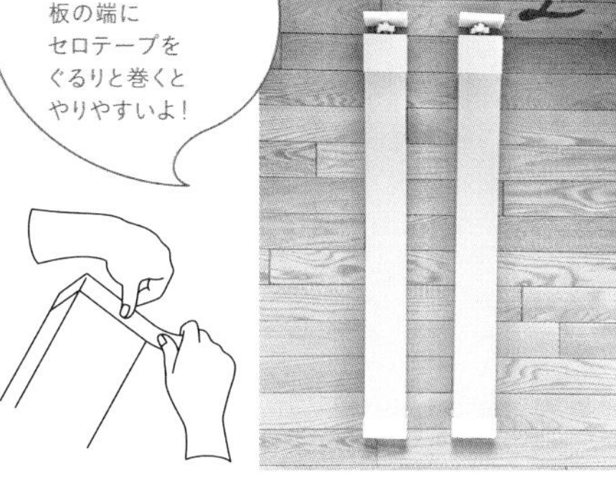

❶の上下に2×4アジャスターをはめる。

3

❷を壁に突っ張る。棚板の幅に合わせて、もう1本も突っ張る。

4

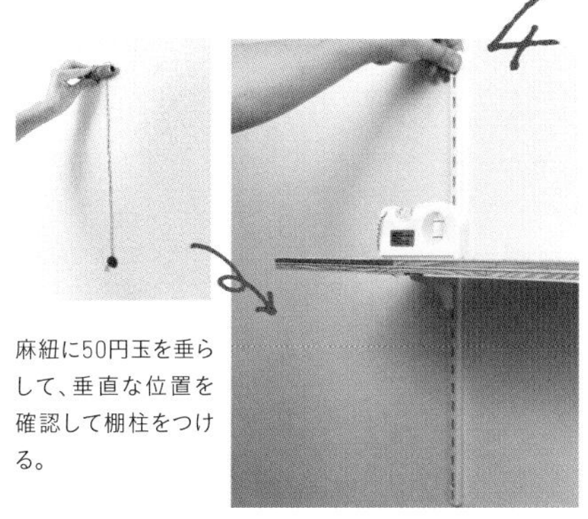

麻紐に50円玉を垂らして、垂直な位置を確認して棚柱をつける。

❸に、タッピングで棚柱を1本取り付け、棚受をはめておく。もう1本の棚柱にも棚受をはめ、棚板をわたして水平器をのせる。

5

❹で水平の位置を確認しながらもう1本の棚柱の位置を決めたあと、タッピングで固定する。

6

すべての棚受を差し込み、棚板をのせて、下からスリムねじで固定する。

女子1人でも作れる巨大収納棚

全長3.5mのパントリー収納

書斎収納(p.96)と同じく、LABRICOの「2×4アジャスター」に、棚を作るための可動式の柱を組み合わせて、もっと大容量の収納を作ってみました！

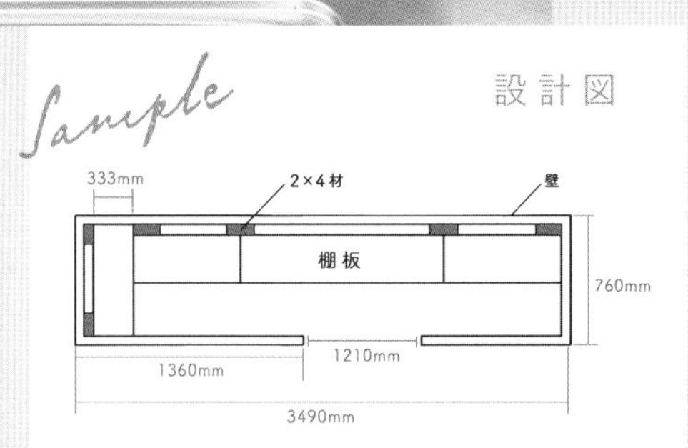

1 壁紙クロスを巻いて2×4アジャスターをつけた2×4材を、壁に突っ張る。

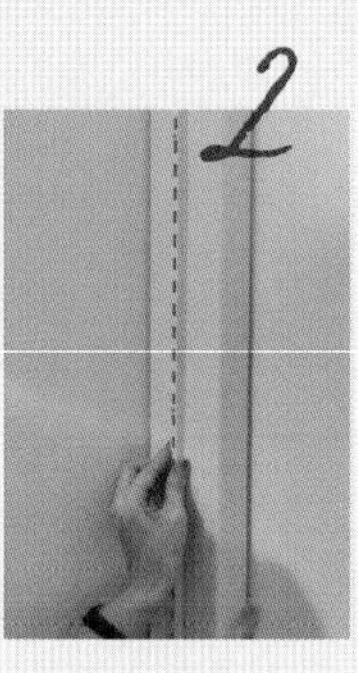

2 ❶で突っ張った2×4材に、棚を作るための柱をネジで取り付ける。

3 ❷に棚受けを差し込み、一旦棚板を置いてネジを打つ位置に印をつける。

4 棚板を外し、❸で印をつけた場所に棚受けを置き、ネジで固定する。

5 棚板を置けば完成。収納を置いたらイイ感じに。

＼デッドスペースを最大限活用／

洗面室収納

天井から
4cm以上
余白をあけて
設置してね

動画は
ココ

(注)設置状態によって耐荷重は変化しますので、安全に十分ご留意ください。

6本

木製角材3P 45×1.2×1.2cm／¥110／Seria

2枚

1×4材／ホームセンターで購入し、必要な高さでカットしてもらいます。

【WAT-022】ウォリスト 2×4用タッピング白 4×30 約50本入り／¥539／和気産業

3枚

簡単スーパー生のりカベ紙 [KN-01]／推奨小売価格¥2,585／アサヒペン

3セット

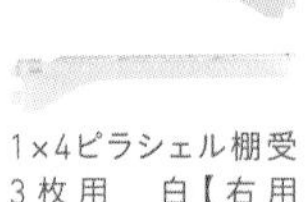

1×4ピラシェル棚受3枚用 白【右用WPS021】【左用WPS022】／各々¥726／和気産業

2本

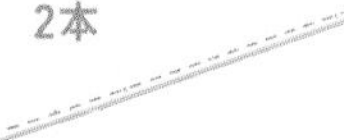

【WPS014】ピラシェル棚柱 白 600mm／¥671／和気産業

スリムねじ 3.5×13mm 600本入り／参考価格¥742／八幡ねじ

のこぎり

STANDBAR4／¥1,100／アイワ金属

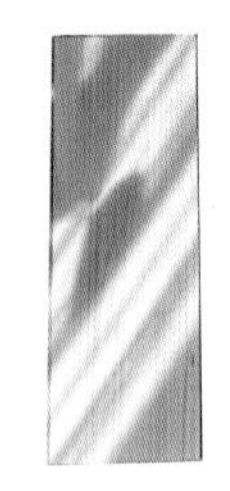

ラジアタパイン集成材290×800×18mm／ホームセンターで購入、必要サイズにカットしました。

キリ

電動ドライバー

木工用ボンド

Process 1

木製角材を、1×4材のAの長さに合わせて4本切る。さらにBの長さに合わせて4本切る。

2

1×4材の端に、❶で切った木製角材をボンドで貼る。

3

❷に、生のりカベ紙を巻く。

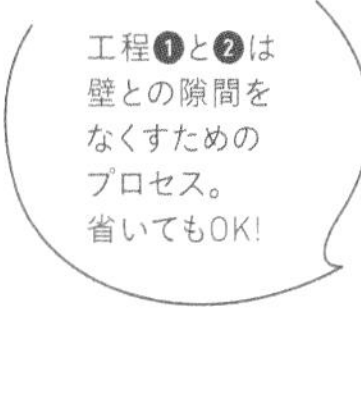

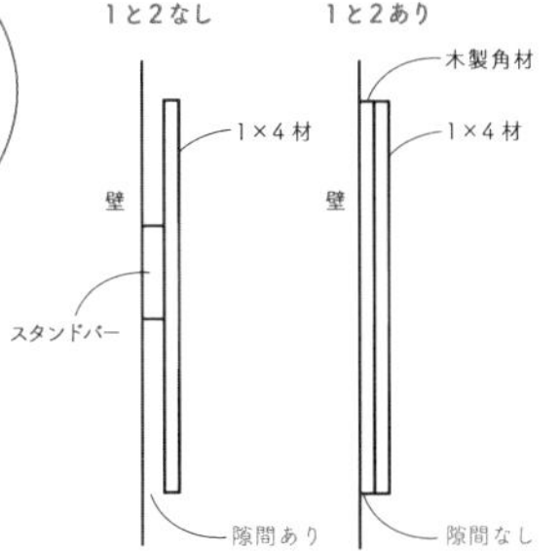

4-1

p.86-87
プロセス❷～❼
と同じ

スタンドバーで、❸の1×4材を壁に設置する。まず板側パーツを取り付けて…

4-2

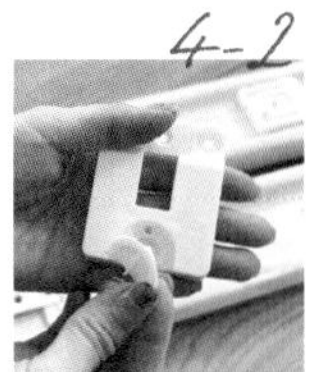
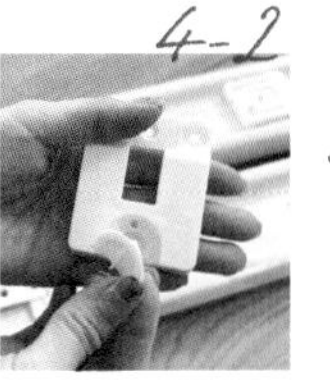

壁側パーツにマーカーをはめて…

4-3

壁側パーツを一旦、板側パーツにはめて…

4-4

設置したい壁に強く押し付け…

4-5

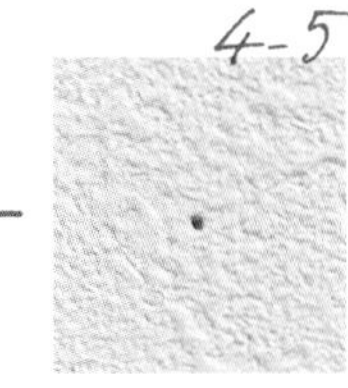

壁に小さな穴を空けてマーキング。

4-6

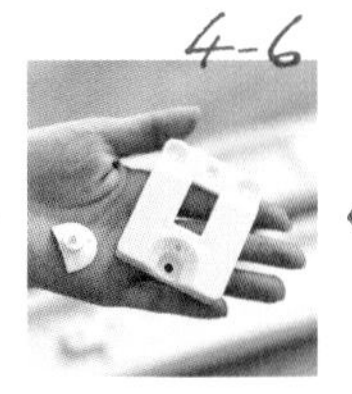

1×4材から壁側パーツを外して、マーカーも外して…

4-7

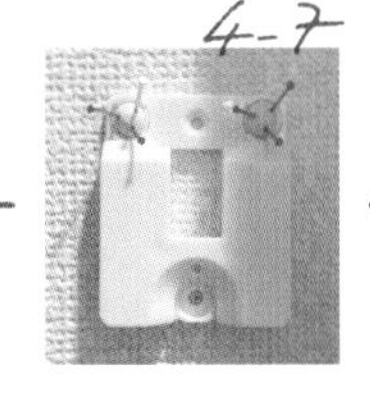

マーキングした穴を目印に、ピンで壁側パーツを設置。

4-8

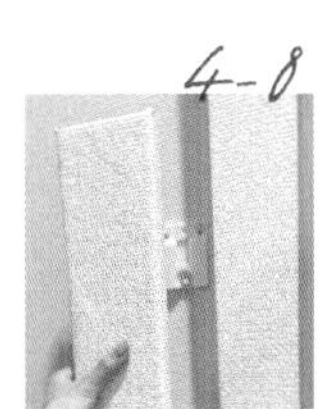

固定した壁側パーツに1×4材を上からスライドしてはめる。

次のページへ

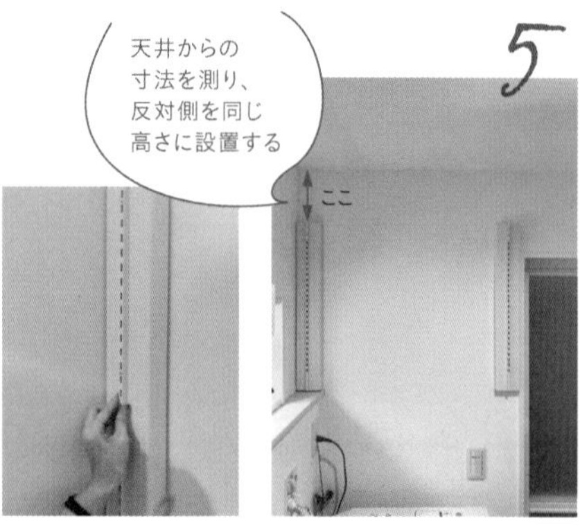

5
天井からの
寸法を測り、
反対側を同じ
高さに設置する
ここ

❹で壁に固定した1×4材に、タッピングで棚柱を2本設置する。

棚柱に棚受をはめて棚板をのせ、スリムねじで下から固定して完成。

棚受の位置を変えるだけで高さを変更できるので、収納したいものが変わっても大丈夫！

makita

＼DIYの醍醐味・隙間収納！／

キッチンワゴン

木材のカット依頼表のアクセス先は…p.51

動画はココ

A

4枚

ラジアタパイン集成材　264×180×18mm／ホームセンターで購入しました。

B

2枚

ラジアタパイン集成材　180×800×18mm／ホームセンターで購入／1枚はリビングからよく見える部分なので特別にブライワックスで塗装しましたが、しなくてもOK！

1本

木製角材 2P　45×2.5×1.5cm／¥110／Seria

4個

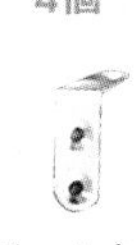

スチール金具 L字 S 4P／¥110／Seria

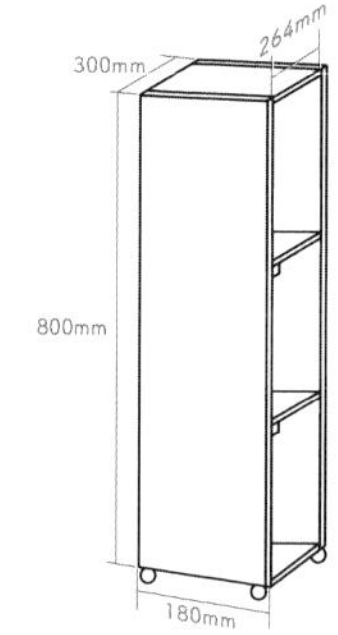

引き出し用ハンドル／使った商品は廃盤になりましたが、100均にあるものでOK！

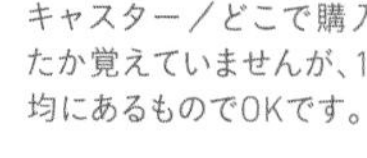

4個

キャスター／どこで購入したか覚えていませんが、100均にあるものでOKです。

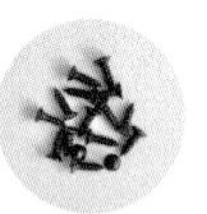

木ネジ40P　ブロンズ／¥110／Seria

4本

インテリアアイアンバー角マットブラック25.5cm／¥110／Seria

電動ドライバー

木工用ボンド

キリ

水平器

のこぎり

Process

1

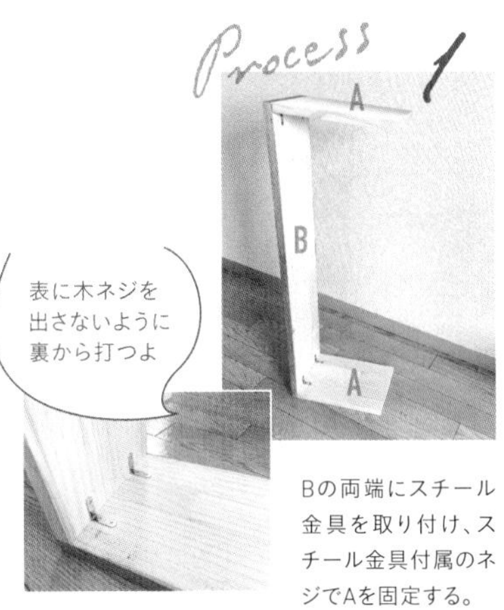

Bの両端にスチール金具を取り付け、スチール金具付属のネジでAを固定する。

2

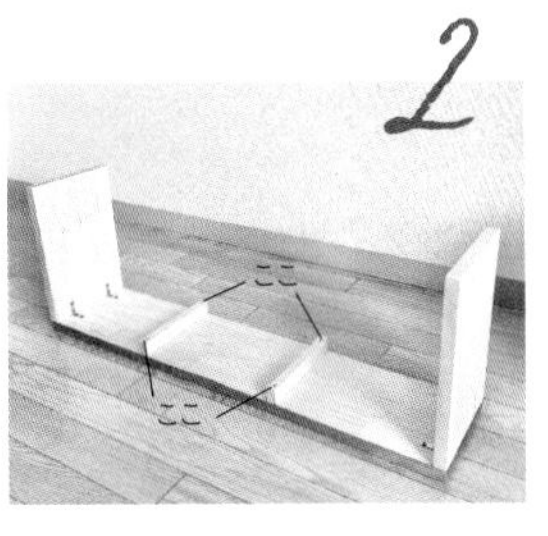

木製角材をのこぎりで18cm×2本にカットし、Bを三等分したところに木ネジで取り付ける。

3

残った2枚のAに、アイアンバーを2本ずつ取り付ける。これが棚板に。

4

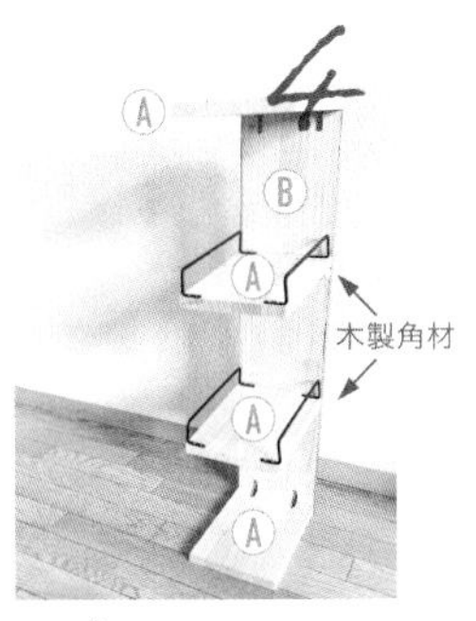

❷で取り付けた木製角材の上にのせるように❸を置き、下から木ネジで固定する。

5

❹の残った側面にもう1枚のBを当てて、四隅を木ネジで止める。

6

アイアンバーをつけたAに水平器をのせて位置を確認し、反対側も木ネジで止める。

7

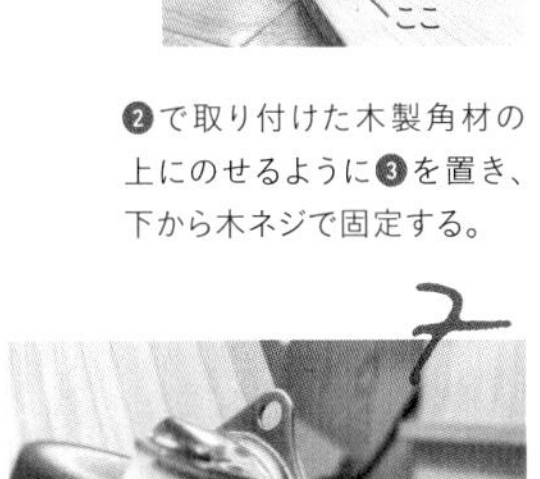

底板にキャスターを取り付ける。

8

キリで下穴を開けて、取っ手をネジで取り付けて完成。

\\ 最小スペースでお洒落に //

ピアノ台

木材のカット依頼表のアクセス先は…p.51

材料
道具

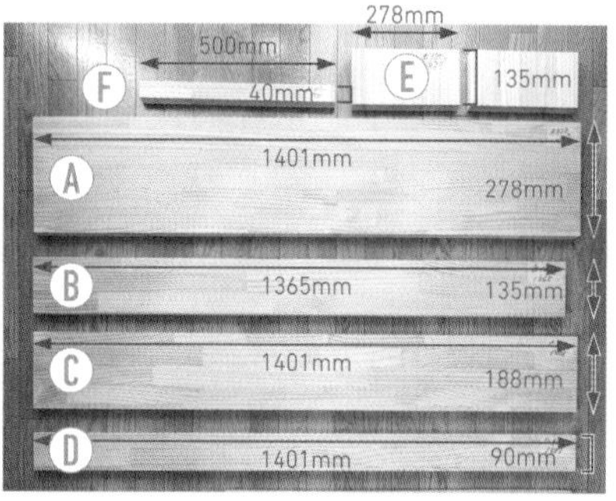

パイン集成材　厚み18mm／ホームセンターで購入し、写真のようにカットしました。

2個

スチール金具 L字 S 4P／¥110／Seria

2本

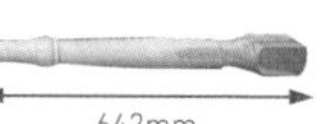

脚／奥谷木工所で長さを指定してオーダー購入。取り付け金具がついた状態で届きます。

カッター

キリ

電動ドライバー

蝶番　25mm　4P／¥110／Seria

ノミ

蝶番／工程❽と❾では約50mmのものを使用します。

ネジ／長さ約20mmのものを使用します。

木工用ボンド

半丸棒　10×900mm／ホームセンターで購入。500mmにカットしました。

Process

1

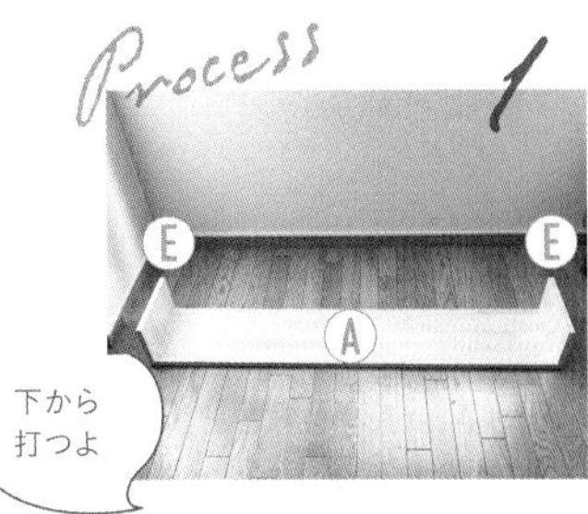

ピアノをのせる土台になる部分。Aの側面に、Eを約20mmのネジで固定する。

2

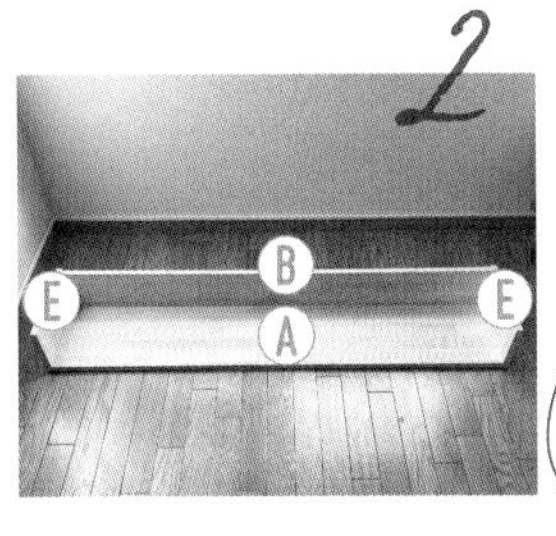

Eの間にBを置き、BとEをスチール金具と付属のネジで固定する。

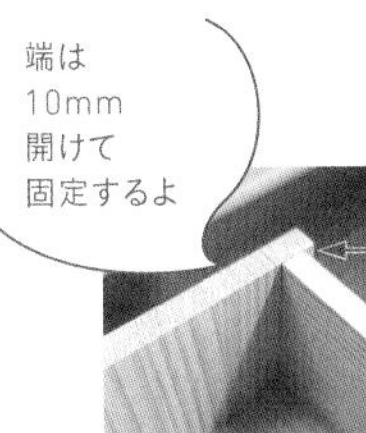

3

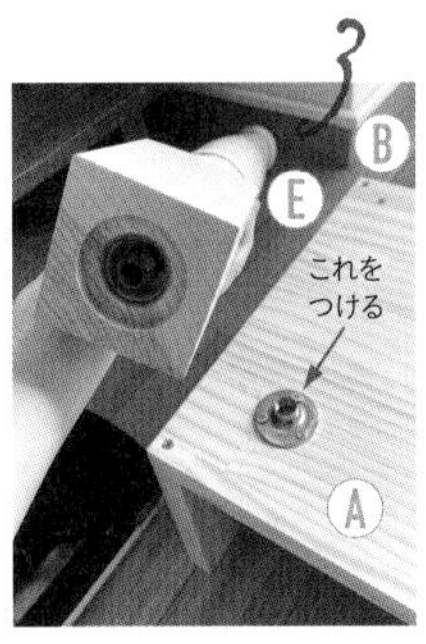

Aの裏に、脚をつけるための脚付属の金具を取り付ける。

4

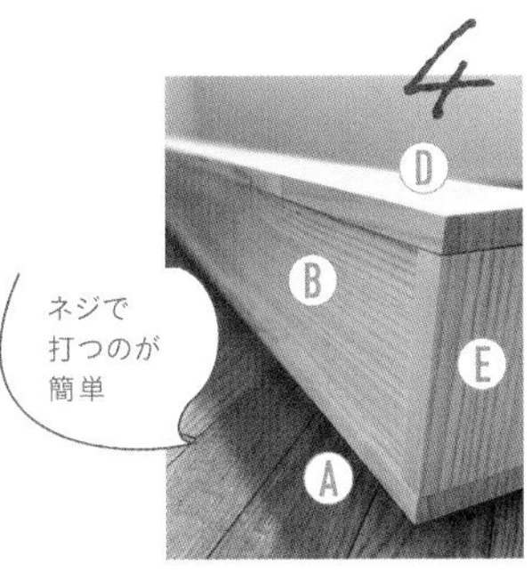

BとEの上に、Dを約20mmのネジで取り付ける。

5

譜面台を作る。Gの半丸棒にボンドを塗ってFにつける。

6

❺と同じ面に25mmの蝶番を付属のネジで2箇所取り付ける。

7

ふたを作る。Cの板を用意し、❻のFを蝶番で固定する。

8

カッターで
切り込みを
入れたあと、
ノミを叩いて
少しずつ彫るよ

Dに50mmの蝶番分の厚み3mm分に印をつけ、ノミで彫る。

次のページへ

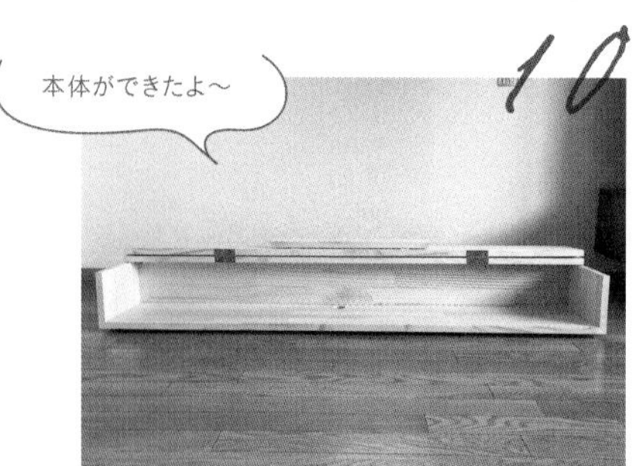

本体の完成。

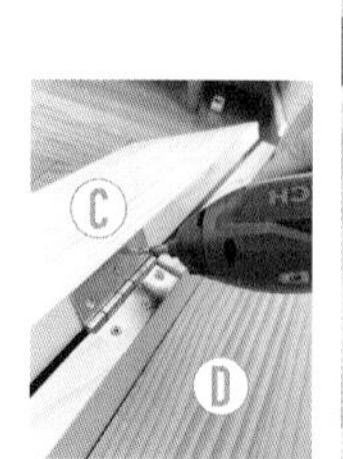

❽の彫り込みに約50mmの蝶番をはめ、CとDをネジでつなげる。

もっと凝るなら…

❹の工程でビスを打つのがもっとも簡単ですが、外側にビスを見せずに仕上げたい！という方におすすめの方法です。

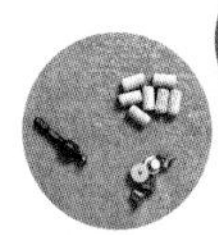

ダボ用ドリルビット、マーカー、ビス。ドリルにつけて使います。

ダボ用ドリルビットを使ってDの板に穴を開け、ダボ用マーカーをはめる。

❹-1でマーカーをはめたDを、BとEの上にのせて、ぐっと押してマーキングをする。

❹-2でマーカーがついたところに、ダボ用ビットで穴を開ける。

ダボ穴にボンドを塗って、ダボをはめる。

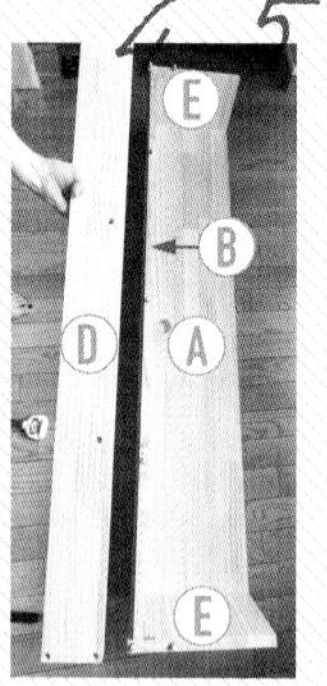

さらに塗って、Dの板を本体にはめる。

ここから壁に取り付けるよ～

養生テープを
貼って、
サイズ感を
イメージしたよ

10-1

本体に脚をつけて、設置する壁の位置を決める。

材料道具

ホチキス／180℃開くホチキスにホチキスガイド（壁美人推奨ホッチキスマックス社製HD-10D・別売り）をつけて、ステンレス針で使用します。

2セット

壁美人 石膏ボード用固定金具P-12 金具セット（2 枚）静止荷重18kg 用×2 枚入／¥2,057／若林製作所

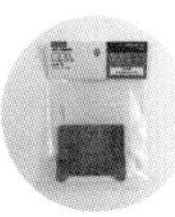

壁美人 石膏ボード用固定金具P-12用受金具段型（2枚）／¥1,311／若林製作所

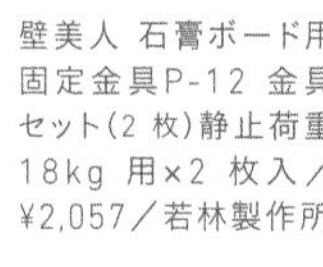

10-2

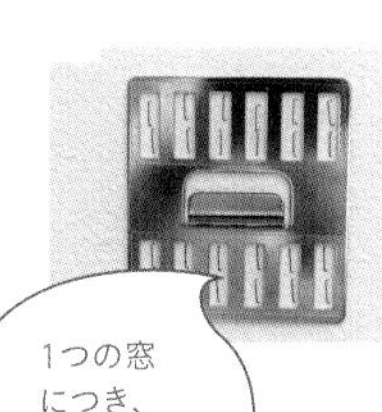

1つの窓
につき、
2箇所打つ

石膏ボード用固定金具を壁に当て、窓に合わせてフィルムをはめたあと、フィルム越しにホチキスを打ち込む。

10-3

石膏ボード用固定金具の受金具を一旦壁側にはめ、ピアノ側に当たる部分に両面テープを貼り、そこにピアノ台を置いてみる。

10-4

❿-3で、仮置きした本体裏面に受金具がくっついているので、そのままスリムねじで固定する。

6

10-5

本体にピアノの脚をはめて、壁に設置して完成。

動画はココ

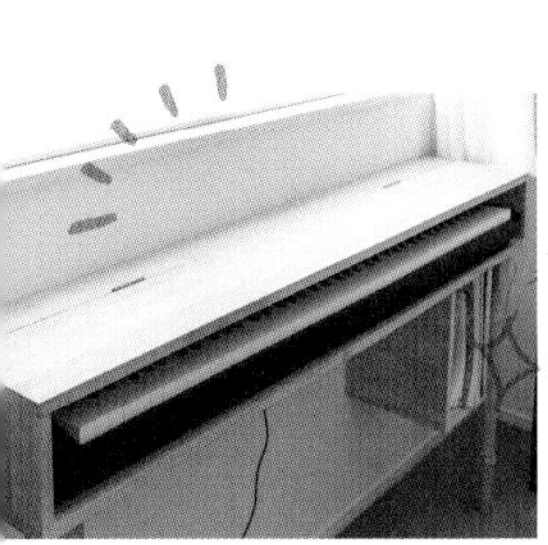

＼ 端材でも作れる！ ／

譜面収納

木材のカット依頼表のアクセス先は…p.51

材料
道具

ドライバー

コイン

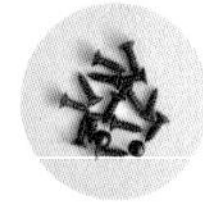

木ネジ40P　ブロンズ／¥110／Seria

2個

STANDBAR4／¥1,100／アイワ金属

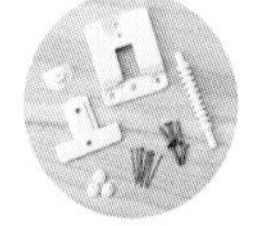

板材／右の図、または譜面のサイズに合わせた板を購入しましょう。100均の板をカットしたり、ホームセンターなどでカットしてもらいます。

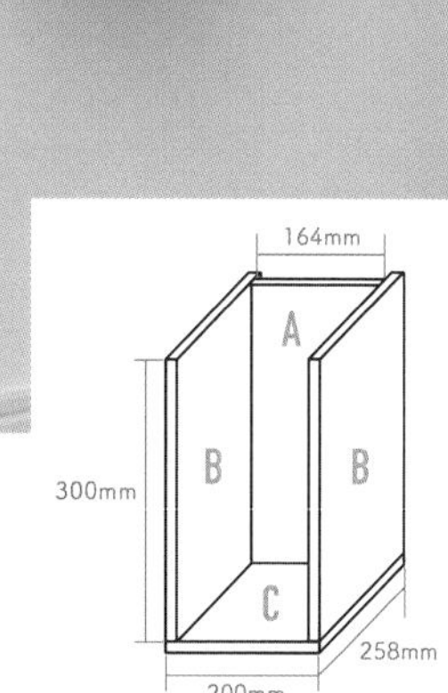

Process

1

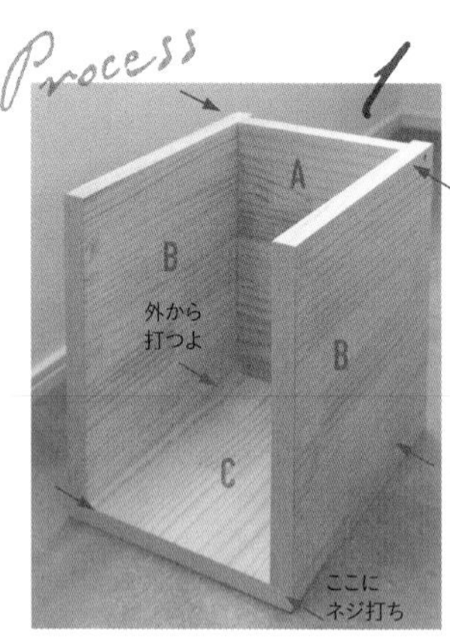

板材を写真のように組み立てて、6箇所を木ネジで打つ。

2

詳しくは
p.86-87を
見てね

譜面台にスタンドバーの木材側パーツ、壁に壁側パーツをつけて、スタンドバーで壁に取り付けて完成。

お洒落は
ココロの栄養～

Column 5

7日間の妄想コーデ

ママだってお洒落したい!

ファッション・美容は私の"好きなものを極める"の原点。気分がアガるものを身に着けて、毎日楽しく過ごしたい!

いつもの普段着は
カジュアルで
ラクな服装

小物の色味や形でアクセント。

パパと2人で
記念日ディナー

かっちりとしたバッグに華奢なサンダルを合わせて。

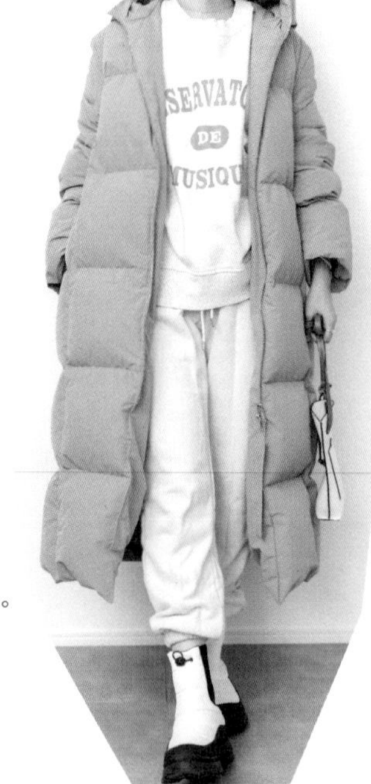

ブーツがポイント。
お迎えスタイル
冬バージョン

あったかダウンと、らくらくスウェット。

友人との女子会は
お気にの
映えトップス

トップスを目立たせるためほかはシンプルめに。

保育園で保護者会。
キレイすぎず、
ラフすぎず

一見シンプルな組み合わせだけど、シャツのシルエットでエッジを効かせます。

家族とのお出かけ。
ちょっとお洒落で
動きやすく

ななめがけショルダーで両手を空ける！

ビタミンカラーで
夏らしく。
リゾートファッション

動きやすいパンツスタイル。小物使いが重要。

GUCCI

4 章

ごちゃごちゃ回避 子どもと暮らすDIY

おもちゃを作り、収納にひと工夫……子どもと遊ぶDIY

スッキリきれいな暮らしを目指していても、子どもがいるとどうしてもモノであふれてしまいがち。サイズアウトした服や使わなくなったおもちゃは、すばやく親戚や友人の子にスライドするけれど、それでもモノは増えていくし、なんだか片付かない……。子どもとの生活で感じたそんな困りごとも、サクッとDIYで解決しちゃおう！

たとえば、散らかりがちなおもちゃは、そのまま置いて、運べる仕様にすれば、片付ける手間さえなくせます（121ページ）。いつも遊んでいるおもちゃにひと手間かければ、コスパ良しで子どもが喜ぶ、新しいおもちゃの出来上がり（118ページほか）！

子どものやることリストを〝見える化〟すれば、毎日の登園・登校準備もスムーズになるかも（120ページ）。収納する場所に困ったら、1章や2章で紹介した収納を作ってみてね。

DIYで、子どもとの生活がより楽しく、ママ・パパがちょとでもラクになるとうれしいです！

＼ 遊びの幅が広がる！ ／

お絵かき黒板

材料 道具

定規

黒板シート／100均のものを使用しましたが廃盤に。ネットなどで購入できます。

After

Before

使ったのは…

商品名

DUKTIG/ドゥクティグ おままごとキッチン

72×40×109 cm／¥14,990／イケア

おままごと大好きな息子のために、2歳のころに購入。キッチンの裏に黒板シートを貼り、お絵かきコーナーを作ることで、カフェごっこがはかどり、息子大喜びでした。100均の木板などに貼って、ボードにしてもいいかも！　剥がせるタイプのシートじゃない場合は、賃貸の壁などには貼らないで。

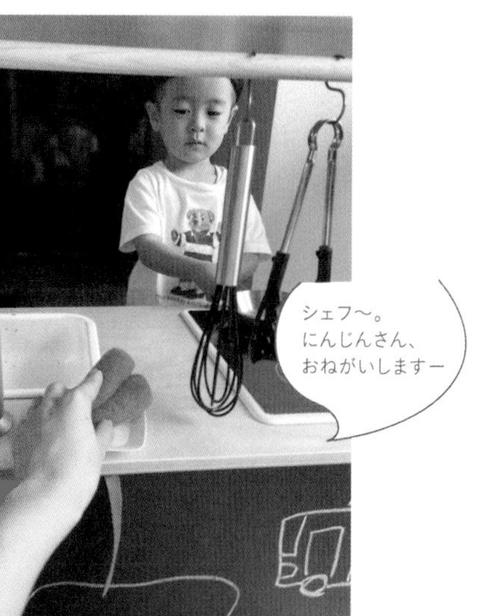

Process

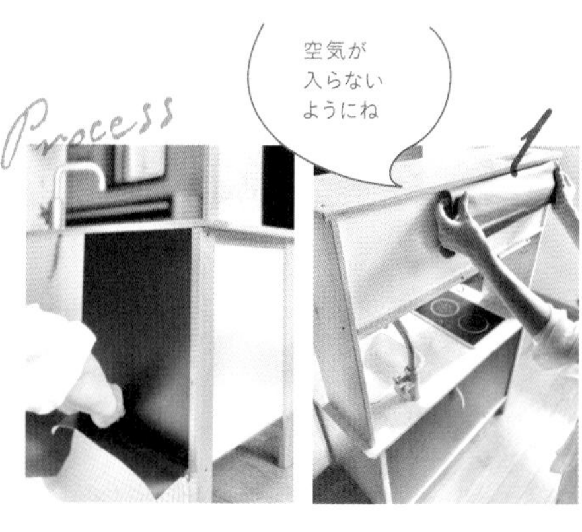

黒板シートを貼りたい箇所に、シートを少しずつ剥がしながら定規で貼り付ける。

飽きたら壁に掛けて
小物収納にも！

＼ 子どもの自由研究にも！ ／

ピタゴラボード

すべてDAISOで
揃うよ！

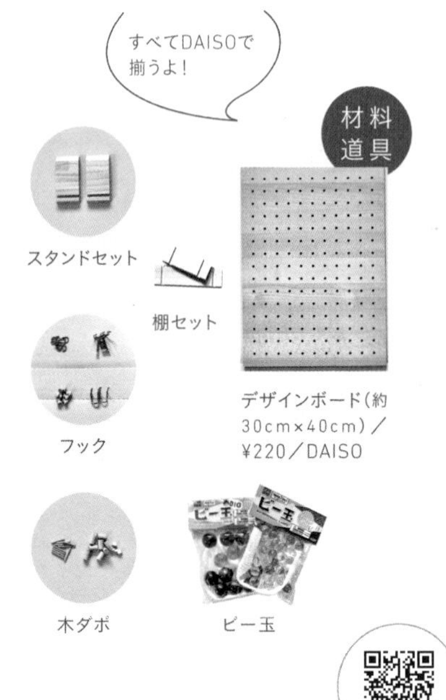

スタンドセット

棚セット

デザインボード（約30cm×40cm）／¥220／DAISO

フック

木ダボ

ビー玉

動画は
ココ

どんな動きを
するか
考えながら……

デザインボードに、好みのパーツを好みの場所にはめるだけ！
子どもと一緒にできちゃいます。

＼ 110円、10分で元通り ／

プラレールの修復

材料 道具

おゆプラ／¥110／DAISO
※ライトブルーやレッドのほかに、グリーンなどもあるよ。

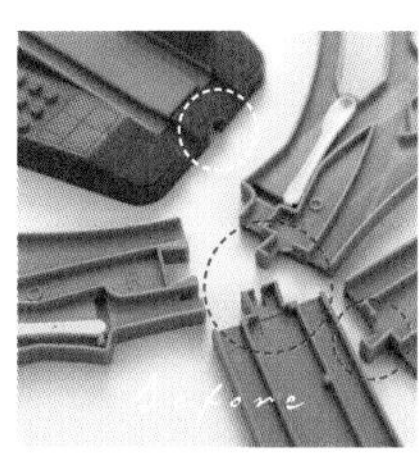

欠けたり
折れたりして
壊れたら…

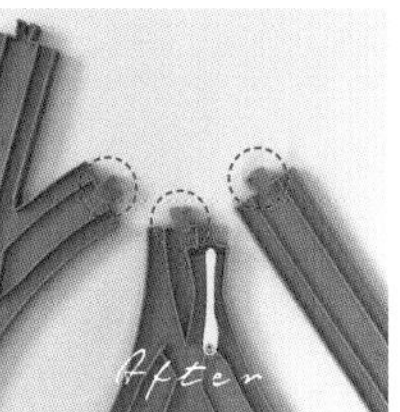

Process 1

80℃以上の湯に、おゆプラを入れて3分待つ。

2

スピード勝負！

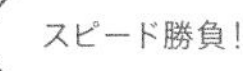

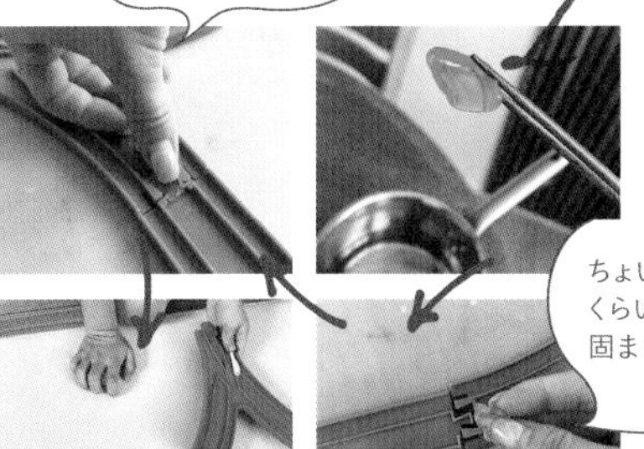

ちょいアチチ！
くらいの温度が
固まりやすいよ

やわらかくなったら箸などで取り出し、やけどに注意して、やわらかいうちにレールの形を作る。冷めたら完成。

＼ 子どもができる時間管理 ／

お支度ボード

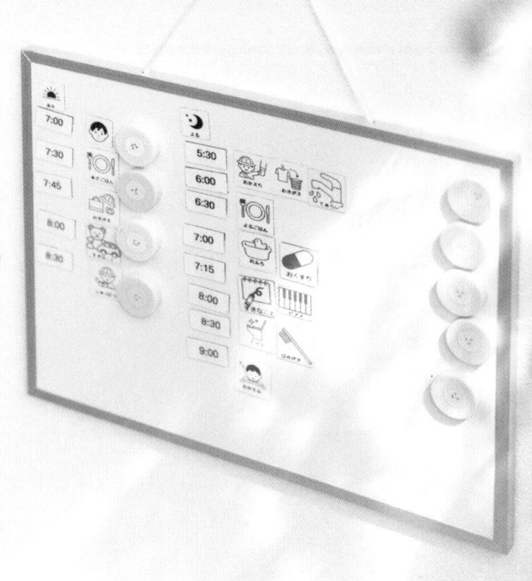

材料
道具

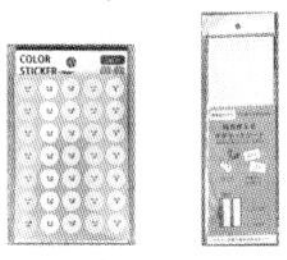

【上】デザインラベルステッカー　ルーム／¥110／Can★Do
【左下】ポイントシール15cm　280片　フェイス／¥110／Seria
【右下】両面マグネットシート　10×30cm／¥110／Can★Do

ホワイトボード／使用した商品は廃盤に。100均などで購入できます。

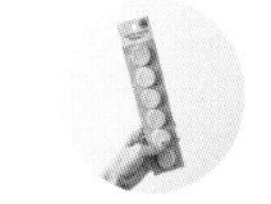

マグネット　30mm　6P　パステルカラー／¥110／Seria

これをやったら好きなこと時間♪

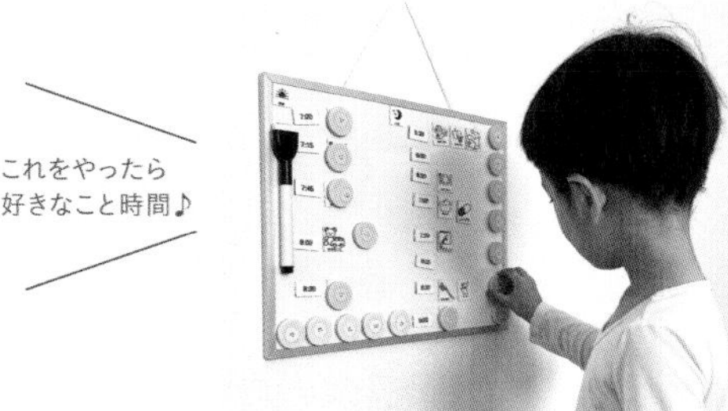

Process

1

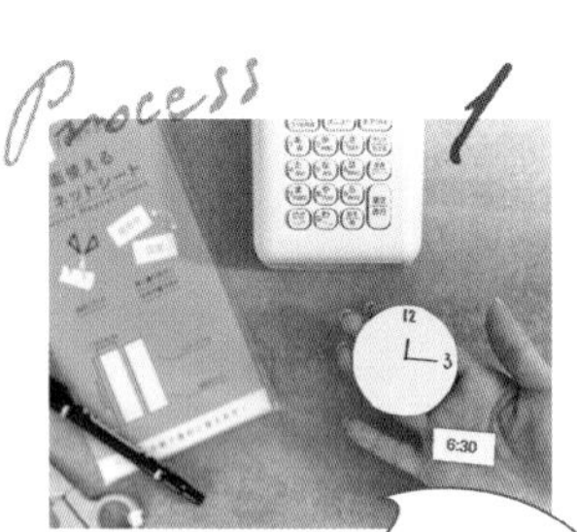

マグネットシートを適当な大きさに切って、時間または時計の絵を貼る。

ラベルライターでも
手書きでも

2

ステッカーの言葉から、子どもがやるタスクを書いたものを選び、さらに子どものわかる言葉に変える。

やらなきゃいけないこと…がわかりやすい！

3

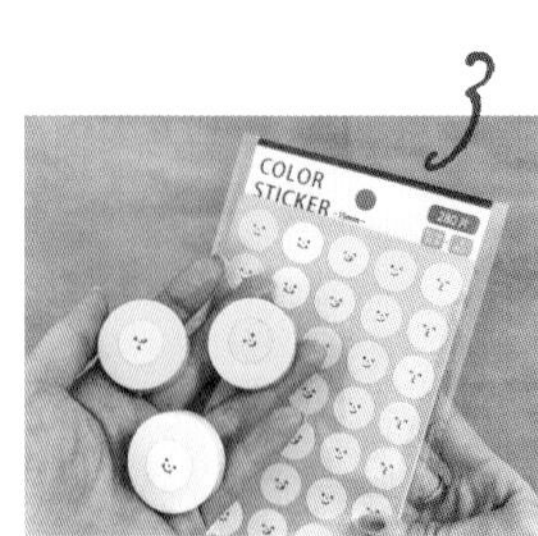

マグネットに、ポイントシールを貼って完成。できたところに子どもが自分でマグネットを貼ると、行動を“見える化”できてわかりやすい！

＼ バラさずにお片付けできる！ ／

運べる収納

動画はココ

材料道具

木ネジ40P　ブロンズ／¥110／Seria

合板　910×460mm／ホームセンターで購入、カットします。

2個

インテリアアイアンバー平マットブラック13.8cm／¥110／Seria

6本

木製角材　3P　45×1.2×1.2cm／¥110／Seria

木工用ボンド　カッター　キリ　ドライバー

芝生調シート　19.5×22.5cm／¥110／Seria

Process

1

シールになっていて簡単

芝生調シートを合板の大きさに合わせてカッターでカットして貼る。

2

木製角材6本がそのままピッタリおさまる

木製角材を❶の枠にボンドで貼り、裏から木ネジを打って固定する。

3

ドールハウスを置いてもかわいいよ

両サイドに、木ネジでアイアンバーを取り付けて完成。

おすすめ商品は…

商品名
KIDS HOUSE　My Base
SHOP DATA
DAMBO

段ボールハウスで遊ぼ！

DAMBO合同会社さんと、1年かけて開発した子ども目線で楽しいキッズハウスです。再生素材の段ボールを使っていて組み立ても簡単！タラオもたくさん遊びました。

自分で段ボールハウスを作るなら…？

作り方を教えてくれたのはblog「うち遊ビギナー」のkarafuruさん。

1 段ボールを用意する

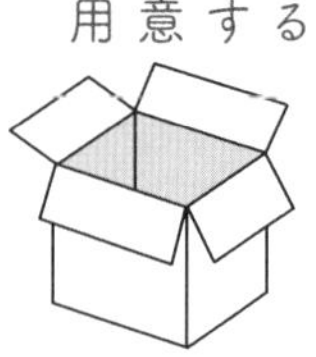

底の部分をテープで止め、上のふたを開けておく。

2 屋根を作る

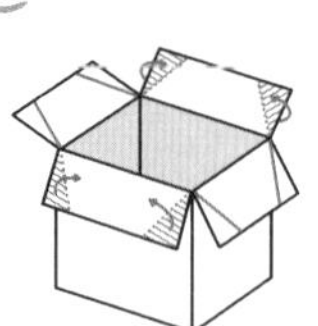

短いふたの端を斜めに切り落とす。切り落とした三角を型紙にして、長いふたの端を同じ角度に谷折りにする。

3 屋根を組み立てる

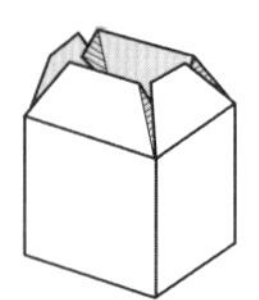

谷折りした長いふたと、短いふたを図のように組み合わせ、テープで止める。

4 ドア・窓を作る

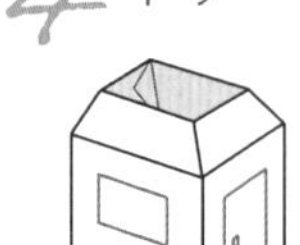

窓とドアを四角く切り取る。切り取ったドアは後ろからテープで貼ると開きやすい！

5 \ Complete! /

これで完成。ドアに、次のページで作る鍵をつけると、楽しく遊べるよ！

＼ 箱につけるだけでも楽しい！ ／

段ボールの鍵

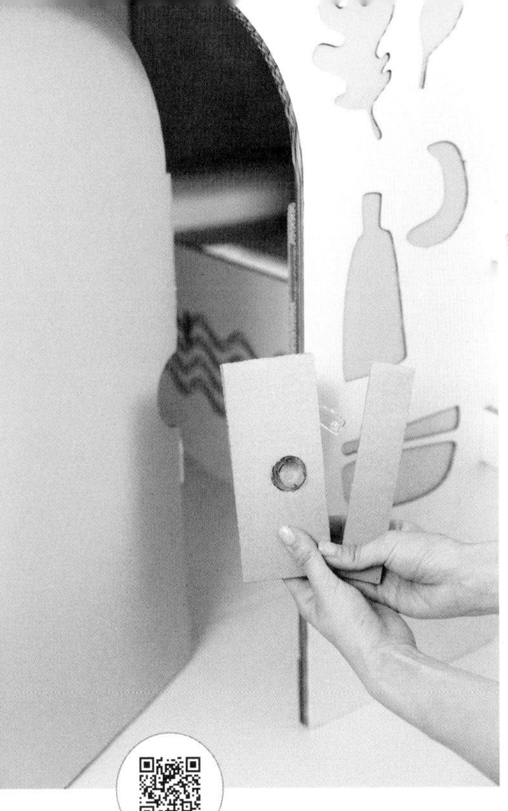

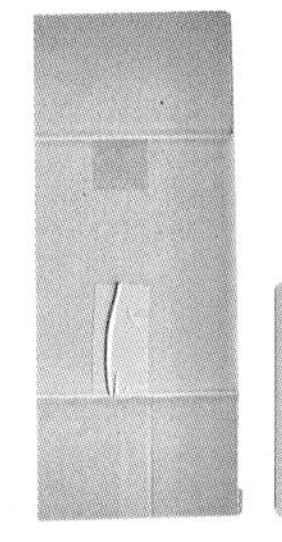
段ボール

カッターマット

材料道具

ホルダーだけ使うよ

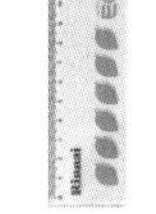
セロテープのホルダー

シャーペン

カッター

定規

木工用ボンド

動画はココ

Process

1

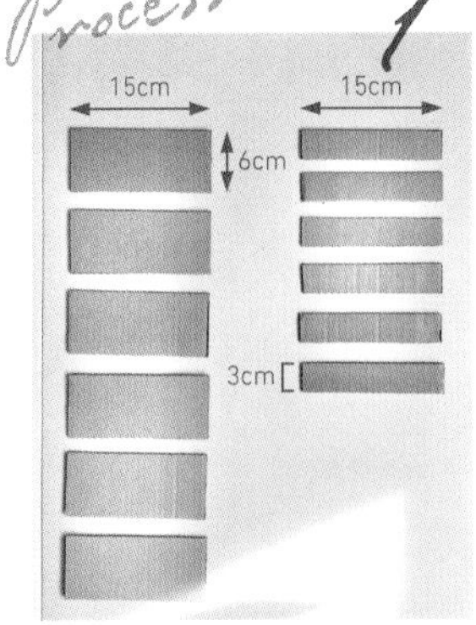

段ボールを、15×6cmを6枚、15×3cmを6枚切り出す。

2

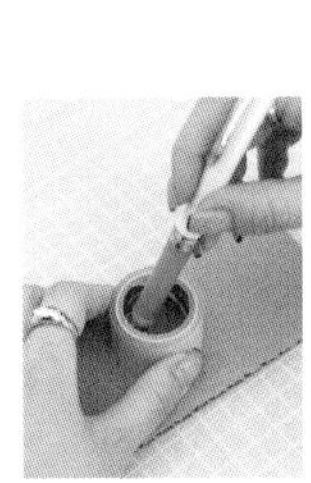

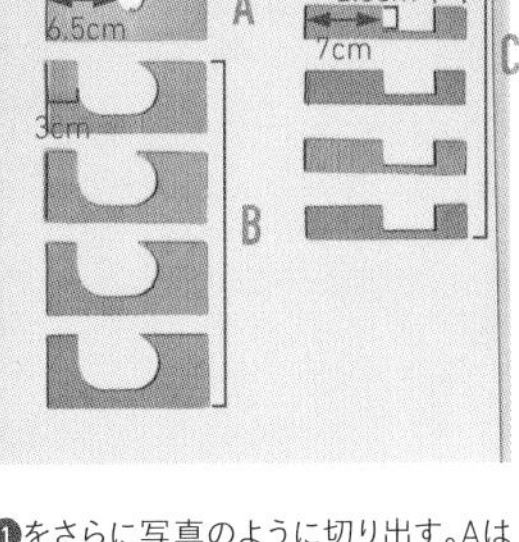

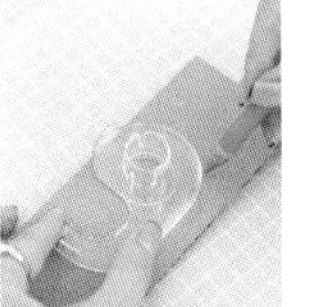

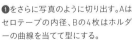

❶をさらに写真のように切り出す。Aはセロテープの内径、Bの4枚はホルダーの曲線を当てて型にする。

次のページへ

貼る順番を
間違えないで
ホルダー形に
切っていないのが
一番下
6
5
4
3
2
1
A
B
ここは
貼らない

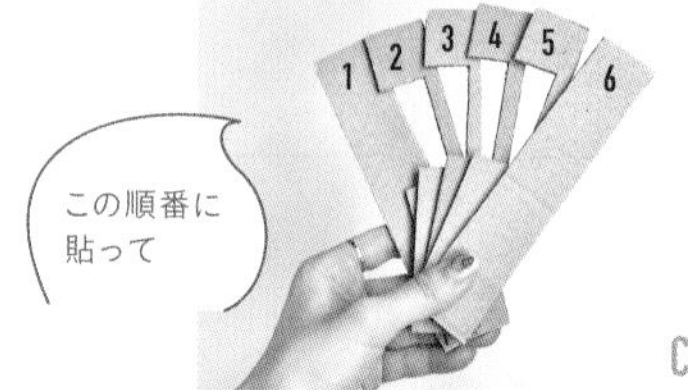
この順番に
貼って
1
2
3
4
5
6
C

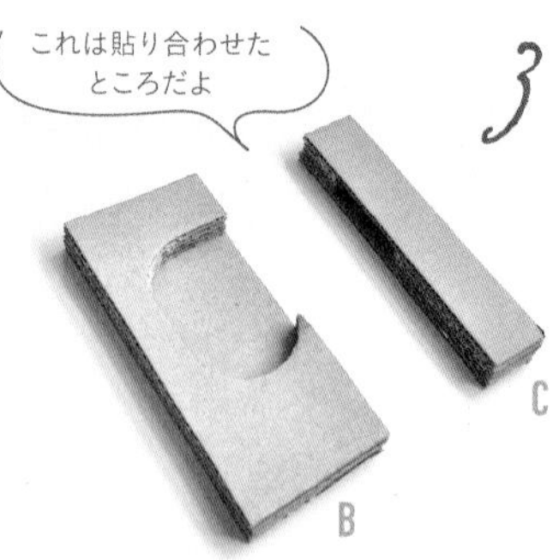
これは貼り合わせた
ところだよ
3
B
C

Bの段ボールの1〜5までを重ね、ボンドで貼る。穴の空いた開いたAだけ残しておく。鍵の受け側になるCのほうは1〜6までを重ねてすべてボンドで貼る。

4
A

セロテープホルダーを分解し、ギザギザがないほうのホルダーだけ、❸で貼ったBのくぼみに沿わせて置く。最後に残しておいたAをボンドで貼る。

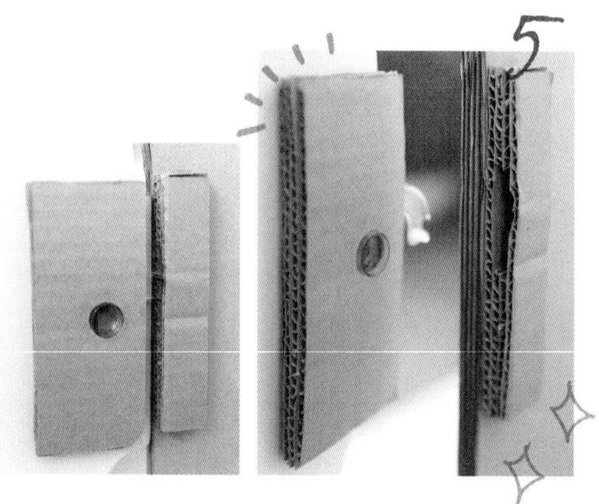
5

❸のCと❹を段ボールハウスの扉に貼って完成。

あーけーてー
あーそーぼー♪

掲載商品のお問い合わせ先

アイワ金属　06-6725-5571

朝日電器　お客様窓口　072-871-1166

アサヒペンお客様相談室　06-6934-0300

イケア・ジャパン カスタマーサポートセンター　0570-01-3900

インテリアショップ お部屋の大将　o-bear@weaver-inc.com

KABElab　https://www.rakuten.co.jp/kabelab/ または Instagram@kabelab まで

Can★Do　https://www.cando-web.co.jp/

Green Gallery Gardens　042-676-7115

サヌキ／SPG　06-6709-5327

サンノート　0721-25-0435

接着相談室　0120-28-1168

セラコア　support@ceracore.shop

Seria　https://www.seria-group.com/

DAISO　https://www.daiso-sangyo.co.jp/

DAMBO　info@dambo.tokyo

TUISS DÉCOR　0120-955-016

友安製作所　072-922-8869

日軽産業　0120-302357

ハイロジック　06-6744-5481

藤原産業 情報サービスセンター　0794-86-8200(代)

プラセス　https://replasstone.buyshop.jp/items/59490670

平安伸銅工業　www.heianshindo.co.jp

ベルメゾンコールセンター(千趣会)　0120-11-1000(受付時間:9:00〜21:00)

bowlpond　06-7492-4809

ボッシュコールセンター　0120-345-762(携帯電話からは03-5485-6161)

マキタ代表　0566-98-1711

無印良品 銀座　03-3538-1311

八幡ねじ　058-370-8148

若林製作所 壁美人事業部　0256-34-6132

和気産業EC事業部　06-6723-5060

※本書に掲載されている商品は2023年9月時点のものです。
販売が終了している場合や、店舗によって品揃えが異なる場合があります。

おわりに

「自分でやってみよう」という意味のある〝DIY（＝Do It Yourself）〟に私が魅了されているのは、主に次のことに理由があります。

・完成したときの達成感、ハンパない
・世界に一つしかないオーダーメイド家具が作れる
・自分好みのお洒落で便利な暮らしが手に入る
・自分の暮らしを、自分の手で豊かにしていく幸福感を味わえる
・たとえ失敗しても、またやり直せばいい

私が家具などをDIYするとき、まずは思ったとおりにやってみる！　でも、ある程度設計をしてはいても、やり始めてうまくいかない……ということは、よくあります。そういうときは、また別の方法を試してみる！　といった具合に、その場で試行錯誤しながら、やり方やサイズを調整して作ります。

DIYにおいてぶつかった壁は、「もっといい方法があるんだよっ」という答えを教えてくれる、正解への近道。そこを経由しなければ、「最善」には辿り着いていないので、むしろラッキー！

これって、人生においてもまったく同じように捉えることができるんです。どんなことにも「失敗」はなく、すべては正解への導き。なんか違うと思ったらまた別の山を登ればいいいし、違うルートから山頂を目指せばいいだけじゃん！

子どものころ、自分のことが大嫌いで自己肯定感のカケラもなかった私ですが、これに気づいてからは生きやすくなったし、目の前に広がる世界はまったく違うものになりました。

置かれている状況も、幸福を感じるポイントも、価値観も、誰一人として同じ人なんていません。今流行りの〝自分軸〟とか〝他人軸〟とかいうけど、〝軸〟なんかなくたっていい。一人一人オリジナルの人生を、自由にＤＩＹしていこうよー！

この本には、「子どもがいるから、女性だから、働いてるから、時間がないから」……いろいろな枕詞を言い訳にして、人生を〝ＤＩＹ〟していなかった過去の自分を成仏させる気持ちと、読んでくれた方にご自身の人生を自由にＤＩＹしてほしい、「なりたい自分」は作れるんだよ、ということを伝えたい！　という思いを込めました。そんなメッセージが伝わったら、うれしいです。

30平米の小さなお家から始まった自己流ＤＩＹが、書籍になる日が来るなんて……。出版のお声がけをくださった大西さん、ワニブックスの田中さんと志村さん、写真家の畔柳さん、デザイナーの岩永さん、ＤＴＰの坂巻さん、イラストレーターのＳＨＩＭＡさんとｍｏｅちゃん、そして、いつもインスタを見てくださっているみなさんのおかげです。心から感謝の気持ちでいっぱいです。

ではまたどこかで、お会いしましょう〜！

２０２３年9月　なつこ

なつこ

賃貸DIYer。100均でなんでも作る女。寝ない・食べない・入らない(風呂)4歳男児の子育て中、Instagramで「賃貸でも、子どもがいても、ママが自分らしくラクに暮らせるアイデア」や「人生楽しみたいワーママの暮らし」を発信。そのお洒落で実践的なアイデアや、誰にでもできる簡単DIYレシピ、飾らないマインドが評判を呼び、2023年9月現在フォロワー数は23万人。"人生も賃貸もDIYする"をテーマに、毎日、仕事に子育てにInstagramに奮闘中。

Instagram　@ntk_ie

STAFF

デザイン	岩永香穂
撮影	畔柳純子(撮り下ろし/主にイメージ・完成) なつこ(主に1-4章プロセス、2-4章道具、コラム)
イラスト・文字	SHIMA
人物イラスト	moe
DTP	坂巻治子
校正	東京出版サービスセンター
編集	大西史恵
編集統括	田中悠香、志村マリア(ワニブックス)

人生はDIY

自分らしく暮らすための インテリアのコツとDIYレシピ38

著者　なつこ

2023年10月20日　初版発行
2023年11月1日　2版発行

発行者	横内正昭
編集人	青柳有紀
発行所	株式会社ワニブックス 〒150-8482 東京都渋谷区恵比寿4-4-9　えびす大黒ビル ワニブックスHP　http://www.wani.co.jp/ (お問い合わせはメールで受け付けております。HPより「お問い合わせ」へお進みください。 ※内容によりましてはお答えできない場合がございます。)
印刷所	TOPPAN株式会社
製本所	ナショナル製本

ISBN978-4-8470-7347-2